LA PROMESA

CÓMO EXPERIMENTAR EL PODER DEL ESPÍRITU SANTO HOY

Wayde I. Goodall
Con Rosalyn Goodall

LA PROMESA

CÓMO EXPERIMENTAR EL PODER DEL ESPÍRITU SANTO HOY

Wayde I. Goodall
Con Rosalyn Goodall

La promesa
Cómo experimentar el poder del Espíritu Santo hoy

© 2008 Wayde I. Goodall

Publicado por Editorial Patmos
P. O. Box 668767
Miami, FL USA 33166

Publicado originalmente en inglés con el título *The Blessing*, por Creation House, 600 Rinehart Road, Lake Mary, Florida 32746

A menos que se indique lo contrario las citas bíblicas han sido tomadas de la Santa Biblia, Nueva Versión Internacional © 1999 por la Sociedad Bíblica Internacional

Las citas bíblicas con la marca RVR60 son de la versión Reina-Valera 1960.

Adaptación de capa por Wagner de Almeida
Diagramación por Lidiane Arsenio

Traducido per

ISBN 10: 1-58802-418-0
ISBN 13: 978-1-58802-418-3

Categoría: Doctrina

Impreso en Brasil

RECONOCIMIENTOS

Quiero expresar mi profunda gratitud por la ayuda del Dr. Thomas E. Trask, presidente de Fraternidad Pentecostal Mundial, co presidente de las Iglesias Pentecostales y Carismáticas de Norteamérica, y antiguo superintendente general de las Asambleas de Dios de los Estados Unidos. El doctor Trask y yo fuimos los autores de la primera impresión y ahora él amablemente me ha permitido hacer una revisión de ese trabajo bajo mi nombre. Sus contribuciones a las iglesias pentecostales y carismáticas son de las más grandes en el siglo veintiuno.

En segundo lugar, quiero agradecer a mi esposa, Rosalyn. Ella no sólo es una maravillosa esposa y madre, sino también es la co autora de todo lo que he escrito. Rosalyn es una instructora en el arte de escribir técnico y profesional, y sus horas de editar, sus habilidades para leer las correcciones de prueba, y su dedicación a la excelencia son formidables dones para mí. De hecho, ella es el más grande don que yo tengo en esta tierra. Gracias Roz, por todo lo que haces.

PRÓLOGO

No existe ninguna duda que "la promesa" del Espíritu Santo es una de las dádivas más importante para la Iglesia porque es un don de poder sobrenatural para el creyente. Este libro del doctor Wayde Goodall le instruirá de forma amena sobre la importancia de este don para su vida y proveerá instrucciones claras en como recibir este precioso regalo de Dios.

El bautismo en el Espíritu Santo es para todo creyente. Existe para recordarnos que la presencia y el poder de Dios para cumplir Sus propósitos a través de nosotros está siempre a nuestra disposición. Además, nos ayudará a ser más eficaz en nuestras oraciones.

En América Latina y en toda parte del mundo, Dios está llenando creyentes hambrientos con este don, cumpliendo así su promesa a sus seguidores. Como resultado, avivamiento ha llegado a centenares de iglesias y comunidades. Aun personas que no son de tradiciones carismáticas o pentecostales están recibiendo esta promesa que Dios hizo para "todos". El resultado es que Dios está levantando un pueblo con deseo y poder para testificar del mensaje de salvación a los que no conocen y no han recibido al Señor Jesucristo en su vida.

Es especialmente en los días críticos en las cuales vivimos y con vista en la venida del Señor que necesitamos todo el poder de Dios que podamos recibir. Nuestro Señor nos ha dado el don del Espíritu Santo por medio del cual nos ayuda y capacita a ser testigos de Él, creyentes usados poderosamente por Él con señales y prodigios.

"La promesa" le ayudará entender como recibir la dádiva del Espíritu Santo y como ser utilizado por Dios en los diversos dones y manifestaciones del Espíritu.

John Bueno
Director Ejecutivo de Misiones Mundiales
Las Asambleas de Dios, EE.UU.

CONTENIDO

PREFACIO

L A DECADENCIA Y las tinieblas de los Estados Unidos de Norteamérica es más profunda que lo que ha sido desde la fundación de esta nación hace más de dos siglos. El único poder que puede limpiar y restaurar esta nación es el poder de Cristo."[1]

Los siglos veinte y veintiuno han experimentado el más grande crecimiento tecnológico de cualquier siglo desde el comienzo de la humanidad, pero también vieron más gente volverse seguidores de Cristo que en cualquier otro tiempo en la historia de la iglesia. En su artículo titulado "Nueve tendencias globales en religión," Ron Sellers explica que "muchos pensadores han predicho la muerte de la religión a medida que el entendimiento humano y la tecnología avanzan. Ni el ateísmo patrocinado por el estado ni las ciencias han probado ser destructores de la religión. En las naciones tecnológicamente avanzadas como los Estados Unidos de Norteamérica y bajo la persecución de líderes comunistas en China y Cuba, la religión sigue prosperando."[2] Por un lado, tenemos más mal, destrucción, humanismo y desconfianza del liderazgo; por otro, la Iglesia de Jesucristo crece en maneras sin precedente a través del mundo.

Miles de personas de todo el mundo vienen a Cristo cada día, pero otro fenómeno del Nuevo Testamento ha llegado a ser la experiencia de millones de cristianos también. Esto es el bautismo en el Espíritu

9

Santo como es registrado en Hechos 2:4. Este bautismo en el Espíritu ha dejado de ser una experiencia que sucede a aquellos que son parte de una iglesia pentecostal; ha ocurrido en la vida de cristianos en la mayoría de los grupos denominacionales que conocemos. Michael Green, consejero del arzobispo de Canterbury, y el autor y conferencista R. Paul Stevens escribieron lo siguiente acerca de las principales fuerzas que impactaron el cristianismo durante el siglo veinte:

> El movimiento del Espíritu Santo esparcido alrededor del mundo, que comenzó a hacerse sentir en el año 1900, primero con el movimiento pentecostal, pero a mediados de siglo en el surgimiento neo-pentecostal o carismático que se ha movido casi a través de todas las denominaciones y es sin duda el énfasis cristiano de mayor influencia en nuestro tiempo... . Este movimiento pone gran énfasis en el poder soberano del Espíritu que irrumpe en la vida de individuos e iglesias con gracia y manifestaciones sobrenaturales, lo que el viejo racionalismo casi había persuadido a la iglesia que era cosa del pasado.[3]

Dios está derramando su Espíritu sobre los cristianos a través del mundo. Cientos de años antes de Cristo, el profeta Joel dijo: "Sucederá que en los últimos días —dice Dios—, derramaré mi Espíritu sobre todo el género humano" (Hch. 2:17). Pedro se refirió a la declaración de Joel para explicar a los no creyentes lo que había ocurrido cuando ellos observaban a más de cien personas que habían recibido el bautismo en el Espíritu Santo. Pedro continuó: "La promesa es para ustedes, para sus hijos, para todos los extranjeros, es decir, para todos aquellos a quienes el Señor nuestro Dios quiera llamar" (Hch. 2:39). Creemos que fuera de la experiencia del nuevo nacimiento donde las personas hacen de Jesucristo el Señor de su vida, la siguiente más grande experiencia que un cristiano puede recibir es el bautismo en el Espíritu Santo.

En este libro deseo hablar principalmente a tres grupos de personas. Primero, quiero hablar a los muchos que han recibido esta experiencia y tal vez no sepan exactamente lo que les ha sucedido. Como usted verá, la Biblia está llena de enseñanzas y entendimiento teológico acerca de esta experiencia y las manifestaciones que parecen acompañar a aquellos que han recibido el bautismo del Espíritu Santo. Multitudes de protestantes y católicos con hambre espiritual de todas partes del mundo han tenido esta experiencia, pero tal vez no entiendan completamente las razones bíblicas de por qué recibieron esta bendición o qué van a hacer con ella.

Segundo, hay muchas personas inquisitivas acerca del bautismo en el Espíritu Santo. Ellos simplemente no saben que creer, pero pueden haber observado a alguien que ha recibido la experiencia o quizá han leído acerca de ella en la Biblia o en algún otro libro. Ellos quieren saber más. Tienen hambre de Dios y de la voluntad de Él para ellos, cualquiera que esta sea. Es nuestra esperanza que este libro conteste sus preguntas. Es mi esperanza que cuando tengan un mejor entendimiento, oren y reciban la experiencia ellos mismos.

El tercer grupo son aquellos que han crecido en una denominación pentecostal. Si han recibido esta experiencia, quiero recordarles la importancia que tiene en su vida y lo crítico que es mantenerse sensible al Espíritu Santo y sus dones. Podemos volvernos apáticos y complacientes acerca de las cosas de Dios aun cuando hayamos tenido experiencias personales maravillosas. El bautismo en el Espíritu Santo tiene el propósito de darnos poder sobrenatural de manera que podemos ser mejores testigos de Cristo. Muchos simplemente se han mantenido en esta experiencia y no han permitido que Dios los use para impactar la vida de otros a favor de Él. Como una corriente que deja de fluir, el agua se estancará; así sucede con los cristianos que han recibido el bautismo en el Espíritu Santo. Pueden llegar a estancarse en su testimonio. Muchos dicen: "Sí, una vez recibí la experiencia," pero debido a que no se involucraron en la tarea de ser testigos que Dios quería para ellos, muestran poco fruto de una vida cristiana dinámica.

No es mi deseo causar división en el cuerpo de Cristo. Entiendo que algunos segmentos de la iglesia difieren con algunas de las opiniones expresadas en este libro. Sin embargo, en vista de la abrumadora enseñanza bíblica sobre el tema y la evidencia obvia del interés mundial por el tema, creo que la enseñanza que escribo es pertinente y oportuna.

Oro sinceramente porque este libro le provoque más hambre por Dios y todo lo que Él tiene para usted. Oro también para que usted pueda experimentar la bendición del Espíritu Santo y llegue a ser un mayor testigo en un mundo cada vez más necesitado.

Capítulo 1

El Derramamiento: el Redescubrimiento de Azusa y su Importancia

LA LUCHA DE DIANA CON la depresión profunda la había postrado en cama por tres años. Su larga batalla con el dolor emocional finalmente la había dañado tanto al punto que no deseaba hablar con la gente o siquiera dejar la oscuridad de su recámara para enfrentar otro día. Ella sabía que si no encontraba ayuda iba a morir. Consejero tras consejero, todos habían tratado de proporcionar respuestas a su profunda tristeza. Desesperada, Diana viajó varios cientos de kilómetros desde su hogar para tratar un último profesional.

Durante la sesión de consejería, el psicólogo cristiano le preguntó a Diana si ella podía recordar cuándo había comenzado su depresión. Ella sabía que su tristeza había durado al menos cuarenta y ocho años. Ahora tenía cincuenta y uno. Ambos exploraron posibles sucesos que pudieron haber ocurrido cuando ella tenía entre dos y tres años de edad.

El consejero dijo: "Diana, recuerdas tú o alguien te ha dicho de algún acontecimiento traumático que te haya ocurrido cuando tenías dos o tres años de edad?"

Diana respondió: "Recuerdo haber buscado en las fotos de mi niñez y he notado que cuando era una bebé me veía vivaz y feliz." Hizo una pausa por unos instantes y luego agregó: "Mis fotografías reflejan que yo disfrutaba y amaba una vida jubilosa hasta que llegué a los tres años."

El doctor preguntó: "¿Apareces triste o deprimida en tus fotografías a partir de este punto?"

Diana respondió: "A decir verdad, sí."

Esta nueva información le dio al psicólogo algunas posibles pistas para la larga lucha de Diana. Él decidió investigar ese período de la vida de ella, y después de varias sesiones, documentación familiar, y una gran cantidad de arduo trabajo, determinó que varios muchachos del vecindario donde vivía Diana habían abusado sexualmente de ella. Esta experiencia aterrorizadora había comenzado la espiral descendente de la depresión de Diana. A medida que los años pasaron, su desesperación se hizo más profunda.

El saber esto ayudó enormemente a Diana. Ella comenzó a sentirse con esperanza por primera vez en muchos años, y su depresión comenzó a desaparecer.

En una sesión de consejería, el doctor pidió a Diana que tratara de entender que Jesús siempre se había preocupado por ella. Diana sabía esto en su interior porque se había entregado a Cristo cuando era una niña. Ella había asistido a la iglesia durante toda su vida y tenía la esperanza de que Dios supiera de su dolor, pero nunca había entendido que Dios quisiera o pudiera alejar su desesperación. Los ministros de su iglesia enseñaban que los milagros habían terminado con la muerte de los apóstoles y que las sanidades y otros dones que la Iglesia Primitiva había experimentado fueron exclusivamente para ellos. Ella había aprendido que podía leer acerca de los milagros en la Biblia y recibir ánimo, pero no que ella pudiera experimentarlos por sí misma.

El consejero le dio a Diana una tarea. Él dijo: "Diana, sé que no has podido permanecer fuera de la cama durante un día completo. Pasar dieciocho horas diarias en cama aumenta tu depresión. Te voy a ayudar a trabajar gradualmente hasta que logres estar en tu cama sólo la cantidad normal de tiempo."[1]

Una noche, para llenar el tiempo en que ella necesitaba estar fuera de cama, Diana decidió asistir a una iglesia local que estaba celebrando algo llamado "campaña". La iglesia había estado celebrando servicios especiales casi cada noche durante varias semanas. La gente quiso que los servicios continuaran, y había una presencia inusual del Señor en cada reunión.

Diana sintió su presencia cuando se sentó la primera vez en la banca. Al final del mensaje del predicador, él pidió a la gente pasar al frente de la iglesia si necesitaban algo de parte de Dios. Diana pensó, voy a hacer esto y ver qué sucede. Ella respondió a la invitación, sabiendo que necesitaba una sanidad completa.

Enfrente, Diana se encontró con una docena de personas que también habían pasado adelante. Algunos querían conocer a Jesús personalmente. Otros querían tener una experiencia llamada "bautismo en el Espíritu Santo." Otros, como ella, querían sanidad para necesidades físicas o emocionales. Todos ellos querían una experiencia más profunda del poder y la presencia de Dios.

Cuando el orador llegó con Diana, él dijo: "Levante sus manos y rinda su vida completamente a Jesús." Diana levantó inmediatamente sus manos en el aire como un acto de rendición ante el Señor. Su corazón tenía hambre, y ella mentalmente pidió a Dios que escuchara su clamor. El orador extendió su mano para orar por ella, y repentinamente Diana sintió que el Señor había escuchado el clamor de su corazón y la oración del ministro. Diana percibió una profunda sensación de paz, contentamiento y la presencia de Dios como nunca antes. Ella supo que Dios había tocado su dolor emocional.

La sanidad de Diana ocurrió hace casi diez años. Desde su temprana infancia y hasta ese tiempo, ella nunca había conocido un año, un mes o siquiera una semana sin depresión y tormento emocional. Diana había experimentado un milagro de parte de Dios. Los seres humanos no habían podido sanarla; ellos no podían conocer la profundidad de su pena y tampoco satisfacer su necesidad. Pero un Dios misericordioso conocía su dilema y la sanó completamente.

Nadie le puede decir a Diana que el poder milagroso de Dios no está disponible hoy como lo estuvo en la Iglesia Primitiva. Diana sintió el toque de Dios personalmente y nunca será la misma. Ella nunca ha sido tan feliz y ahora opera un exitoso negocio en el estado de Michigan. Ella con frecuencia rompe en llanto al pensar en el maravilloso Dios que comienza a entender.

La historia de Diana no es inusual. Escuchamos historias similares casi cada día. En este libro describiremos cómo personas alrededor del mundo están experimentando las bendiciones del Espíritu Santo y el poder de Pentecostés el día de hoy. Hemos visto personas sanadas física y emocionalmente, matrimonios restaurados, personas jóvenes liberadas de drogas y adicciones, y mucho más. El mismo poder espiritual que estaba presente en las vidas de los discípulos del Nuevo Testamento está disponible para nosotros hoy en día. Alrededor del mundo, los dones del Espíritu Santo están siendo utilizados y entendidos más hoy que en cualquier otro tiempo desde el primer siglo. Hoy, más que antes, más personas se están convirtiendo a Cristo y experimentando el poder del Espíritu Santo. Vemos también que hoy, más que en cualquier época de la historia de la iglesia, más personas, como Diana, están teniendo sus necesidades satisfechas mediante encuentros milagrosos.

LA CHISPA SE ENCIENDE

El siglo veinte podría muy bien ser el período más significativo de la historia de la Iglesia desde la Iglesia del primer siglo. Un crecimiento increíble ha ocurrido a través del mundo, y trágicamente, la sangre de mártires cristianos también marcó este tiempo. Durante este siglo nacieron miles de denominaciones, confraternidades eclesiásticas y organizaciones cristianas para dedicarse con pasión a esparcir el mensaje de Jesucristo. Como chispa que comienza un incendio forestal en diferentes lugares, la chispa del avivamiento incendió el mundo hace cien años.

Una de esas chispas se encendió poco antes de pasar al nuevo siglo en Topeka, Kansas. Un hombre llamado Charles Fox Parham anhelaba una mayor capacidad para ser usado por Dios. Él era un predicador laico dentro de la Iglesia Metodista Episcopal, y creía que los dones del Espíritu Santo podían estar activos en su tiempo. En 1989 comenzó un ministerio llamado La Casa de Sanidad Bethel en Topeka. Aquellos que estuvieran enfermos podían reunirse con Parham y otros para orar. Después de rentar una casa conocida como "el disparate de Stone"[2]en Topeka, comenzó a organizar reuniones de oración frecuentes con varias personas que deseaban buscar a Dios. Él creó una pequeña escuela bíblica,[3] estudió el asunto de los dones espirituales en las Escrituras y oró para que si estos dones estuvieran disponibles, Dios se los diera a él y a los demás en el grupo. Parham declaró que el único propósito de esta pequeña escuela bíblica era "total abandono en obediencia a los mandamientos de Jesús, sin importar lo no convencional o práctico que esto pudiera parecer."[4]

Como muchos otros en la actualidad, este grupo de devotos estudiantes de la Biblia tenía hambre de más de Dios. A medida que estudiaban las Escrituras, entendieron que lo que Dios pudo hacer en la Iglesia Primitiva lo podía hacer también ahora. Vinson Synan escribe en su libro The Holiness Pentecostal Movement in the United Status [El Movimiento de Santidad Pentecostal en los Estados Unidos]:

> Para diciembre de 1900, Parham había llevado a sus estudiantes a un estudio de las principales doctrinas del movimiento de santidad, incluyendo la santificación y la sanidad divina. Cuando arribaron al segundo capítulo de Hechos estudiaron los acontecimientos que transpiraron en el día de Pentecostés en Jerusalén, incluyendo hablar en otras lenguas. En ese momento, Parham tuvo que salir por tres días para atender unos compromisos de predicación. Antes de partir, les pidió a los estudiantes que estudiaran en sus Biblias para tratar de encontrar la evidencia bíblica para la recepción del bautismo con el Espíritu Santo. A su regreso pidió a los estudiantes que presentaran sus conclusiones, y para su "sorpresa" todos respondieron unánimemente que la evidencia era "hablar con otras lenguas". Ellos dedujeron esto de las cuatro ocasiones[5] registradas en el libro de los Hechos cuando las lenguas acompañaron el bautismo con el Espíritu Santo.[6]

En los días siguientes, Parham y sus estudiantes decidieron orar para que ellos pudieran experimentar el bautismo con el Espíritu Santo. En la víspera de año nuevo, los estudiantes se reunieron para orar. Synan escribe:

Aparentemente convencidos de que su conclusión era una interpretación apropiada de las Escrituras, Parham y sus estudiantes condujeron un servicio de vigilia el 31 de diciembre de 1900, el cual continuó hasta el año nuevo. En este servicio, una estudiante llamada Agnes N. Ozman pidió a Parham que pusiera las manos sobre la cabeza de ella y orara para ser bautizada con el Espíritu Santo con la evidencia de hablar en lenguas. Fue después de la media noche y el primer día del siglo veinte cuando la señorita Ozman comenzó a "hablar en el idioma chino".[7]

Agnes Ozman nunca había hablado en ese idioma, pero por tres días ella lo habló y no pudo pronunciar palabras en inglés. De repente la experiencia de los apóstoles en el día de Pentecostés llegó a ser algo con lo que este grupo se pudo identificar. Cuando estaban juntos, ellos "fueron llenos del Espíritu Santo y comenzaron a hablar en diferentes lenguas, según el Espíritu les concedía expresarse" (Hch. 2:4).

A lo acontecido en Topeka se le considera comúnmente como el principio del moderno movimiento pentecostal en Estados Unidos. Antes de fin de siglo, envolvía alrededor de quinientos millones de personas en cada rincón del mundo. En su edición especial titulado "Milenio" (Otoño 1997), la revista Life incluyó en la lista el surgimiento del movimiento pentecostal como el sesenta y ocho en su lista de los cien acontecimientos más importantes de los últimos mil años.[8]

Después de que Ozman experimentara las "lenguas," Parham y el resto de los estudiantes buscó y recibió la misma experiencia.[9] Su experiencia pronto apareció en los periódicos. Synan escribe:

En poco tiempo las noticias de lo que estaba ocurriendo en "el Disparate de Stone" alcanzaron la prensa de Topeka y la ciudad de Kansas. Pronto reporteros, intérpretes del gobierno y expertos en idiomas convergieron en la escuela para investigar el nuevo fenómeno. Pocos días después el Topeka Capitol reportó en sus titulares. "Una fe peculiar, hechos extraños… los creyentes hablan en idiomas desconocidos."

[El periódico] The Kansas City World dijo: "estas personas tienen una fe casi incomprensible en este tiempo."[10] Visitantes de la comunidad comenzaron a abarrotar los estudios de la Biblia y las reuniones de oración para buscar una experiencia de parte de Dios, todos ellos con hambre de lo que Dios pudiera ofrecerles. Ellos no sólo recibieron la habilidad de hablar en un idioma único, también encontraron renovado valor para hablar a otros acerca de Jesucristo. La Escuela Bíblica Betel ya no abrió en el otoño de 1901. Parham y muchos de los estudiantes se esparcieron a otras comunidades. A Parham le gustaba el evangelismo por las calles y orar por los enfermos y necesitados. Mientras predicaba en El Dorado Springs, Missouri, una mujer de nombre Mary Arthur estaba escuchando. Ella era legalmente ciega y padecía otras enfermedades. Parham oró por ella, y ella fue sanada dramáticamente. La señora Arthur pronto fue a su casa en Galena, Kansas, llena de emoción y le contó a su esposo sobre su experiencia. Él estaba asombrado. Su exitosa carrera de negocios y su seguridad financiera no le había ayudado para sanar a su esposa de la enfermedad que padecía, pero Dios la había sanado de manera sobrenatural. Arthur hizo arreglos para que Parham viniera a Galena.

Los servicios telegráficos recogieron la historia de cuando Parham y su grupo de estudiantes visitaron Galena. Sobre esta reunión, The Cincinnati Enquirer reportó que era dudoso que algo en los años recientes hubiese despertado el interés, provocado comentarios, o "mistificado a la gente" como lo habían hecho los acontecimientos en Galena.[11] En 1903 y 1904 Parham predicó a miles en Galena, y muchos se convirtieron a Cristo, fueron sanados y recibieron el bautismo en el Espíritu Santo. Muchos llevaron su experiencia a otras ciudades y se volvieron predicadores laicos y evangelistas, hablando de un Dios que estaba activo en el mundo actual, como lo había estado en la Iglesia Primitiva.

Parham viajó entonces a Houston, Texas, con veinticuatro obreros y comenzó una escuela bíblica, donde enseñaron y predicaron acerca de su nueva experiencia. William J. Seymour, un predicador de santidad de raza negra que estaba ciego de un ojo, estaba entre el pequeño grupo de estudiantes de Houston. Más tarde un grupo pequeño de creyentes de Los Ángeles invitó a Seymour a ser su pastor y a animarlos mediante la predicación de la santidad. Seymour aceptó su invitación y comenzó a enseñar acerca del bautismo del Espíritu Santo según Hechos 2:4. Parham había convencido a Seymour de que Dios quería que esta experiencia fuera parte de la vida de todo cristiano. Sin embargo, esta congregación recién formada no esperaba esta clase de enseñanza doctrinal, así que lo echaron de la iglesia. Como resultado, Seymour comenzó reuniones de oración en una casa cerca de la calle Bonnie Brae. Durante uno de estos cultos el 9 de abril de 1906, siete personas, incluyendo a Seymour, recibieron el bautismo en el Espíritu Santo y hablaron en nuevas lenguas.

A medida que la noticia se esparcía, el grupo de Seymour creció tan rápido que necesitó encontrar otro edificio que hospedara a sus seguidores. Él encontró un antiguo edificio de la iglesia Metodista Episcopal en el número 312 de la calle Azusa. Este edificio de cuarenta pies por sesenta, pintado de blanco, de estructura de madera, pronto acomodó a más de 350 personas. Un reportero de Los Ángeles Times visitó la misión el 17 de abril y notó a una "multitud" que incluía una mayoría de personas de la raza negra con "unos cuantos blancos".[12] Afuera del edificio se reunían personas interesados, curiosos y niños. A. W. Manley reportó en septiembre de 1906 que aproximadamente trescientos blancos y veinticinco negros estaban presentes en la reunión a la que él asistió.[13] No había duda de que algo singular estaba sucediendo en la calle Azusa. Dios estaba haciendo algo maravilloso en la vida de la gente, había pocas, si había algunas, barreras raciales, y los dones del Espíritu Santo eran comunes.

El papel que Seymour desempeñó en lo que se conoce como el "Avivamiento de la Calle Azusa" fue ciertamente uno de los más influyentes de cualquier líder cristiano en el siglo veinte. El avivamiento duró aproximadamente tres años. Noche y día miles de personas de todas partes del país vinieron con hambre de Dios a este humilde edificio. Muchas veces ellos permanecieron de rodillas durante toda la noche alrededor del altar de esta modesta iglesia arrepintiéndose de sus pecados y buscando todo lo que Dios tuviera para ellos.

Seymour y otros fueron criticados ásperamente por su insistencia en "comprobar todo con la Palabra."[14]

Pero ellos no se avergonzaban. De hecho, Seymour respondió a estas críticas en la edición de septiembre de 1907 de The Apostolic Faith:

> Estamos midiendo todo con la Palabra, cada experiencia debe medirse con la Biblia. Algunos dicen que vamos demasiado lejos, pero si hemos vivido demasiado cerca de la Palabra, arreglaremos eso con el Señor cuando nos encontremos en el cielo.[15]

No hay manera de saber cuántos fueron impactados por el avivamiento de la calle Azusa 312. El teólogo e historiador de la Iglesia Stanley M. Horton dice: "Multitudes vinieron de todas las denominaciones para ver lo que Dios estaba haciendo. Las reuniones continuaron cada noche, y el amanecer a menudo halló una multitud todavía allí orando por aquellos que buscaban el bautismo."[16]

El avivamiento se esparció por toda la nación y formó nuevas congregaciones y transformó otras que ya existían. El mensaje se esparció internacionalmente de modo que Dios estaba tocando vidas en una nueva manera con el Espíritu Santo. La gente que había experimentado el avivamiento en la calle Azusa llevó el mensaje del bautismo en el Espíritu Santo a América Latina, Europa, China, Filipinas, Japón, Hong Kong, India, Sudáfrica, Egipto, Liberia y Canadá.

Esta poderosa y fresca ola de iluminación acerca del Espíritu Santo transformó las denominaciones que existían y formó otras. Casi todas las denominaciones pentecostales en los Estados Unidos y muchas a través del mundo trazan sus raíces en la calle Azusa.

LA LLAMA SE ESPARCE

Lo que comenzó como un puñado de creyentes en el Disparate de Stone en 1900 ahora ha envuelto más de quinientos millones de personas alrededor del mundo. Cuando comenzó el siglo veinte, menos del 1 por ciento de los cristianos practicantes en el mundo eran pentecostales/carismáticos. En el año 2000, el 41 por ciento, o 562 millones de cristianos serían pentecostales o carismáticos.[17] Ellos rebasarán en número el total combinado de 61 millones de anglicanos y

386 millones de protestantes.[18] Con la taza proyectada de crecimiento, se anticipa que para el año 2025 uno de cada dos cristianos alrededor del mundo será pentecostal o carismático.[19] El profesor de Harvard y teólogo Harvey Cox escribe:

> Es el movimiento de más rápido crecimiento en la tierra, aumenta más rápidamente que el Islam militante o las sectas cristianas fundamentalistas con las cuales a veces se confunde. En África, "las iglesias pentecostales independientes", rápidamente se están convirtiendo en la expresión principal del cristianismo. Varios países latinoamericanos se acercan a una mayoría pentecostal en un continente que ha sido dominado por el catolicismo romano durante cinco siglos. El movimiento está creciendo en Corea y China.[20]

Rusell Spittler de la Universidad Vanguardia dice: "Vamos hacia una 'tercera iglesia' del hemisferio sur cuya apariencia será del tercer mundo y dominantemente pentecostal en estilo religioso. Los pentecostales forman la nueva mayoría entre los protestantes."[21] La América Latina ha estado experimentando avivamiento desde hace muchos años. Numerosas mega iglesias surgen a medida que el avivamiento avanza a través del continente. David Millar dice:

> Durante la última década, la población de protestantes latinoamericanos aumentó un 220 por ciento, de 18.6 millones a 59.4 millones. Los investigadores seculares reportan que cada hora 400 personas en Latinoamérica se convierten al cristianismo evangélico. En Perú se inicia una nueva iglesia protestante cada ocho horas y en Río de Janeiro, se planta una nueva congregación cada día. El más rápido crecimiento ha ocurrido en congregaciones pentecostales y carismáticas. El 66 por ciento de los protestantes en América Latina asiste a la iglesia pentecostal.[22]

El siglo veinte vio el más grande derramamiento del Espíritu de Dios desde el comienzo de la iglesia hace dos mil años.

Capítulo 2

La Bendición:
El Bautismo del Espíritu Santo

CARLOS FINNEY ESCRIBE en sus memorias acerca de la remarcable experiencia que lo hizo uno de los comunicadores más poderosos del evangelio en su día:

Recibí un maravilloso bautismo del Espíritu Santo. Sin ninguna expectación, sin imaginarme siquiera que pudiera haber algo semejante para mí, sin tener un recuerdo de haber oído la cosa mencionada por alguien en el mundo, el Espíritu Santo descendió sobre mí en una manera que parecía correr a través de mí, cuerpo y alma. Podía sentir la impresión, como una corriente de electricidad, corriendo dentro de mí. En realidad parecía venir en olas y olas de amor líquido; porque no lo puedo expresar de ninguna otra manera. Parecía ser el mismo aliento de Dios. Puedo recordar distintivamente que parecía ventilarme, como alas inmensas.

No hay palabras que puedan expresar el amor maravilloso que fue derramado sobre mi corazón. Lloré en voz alta con júbilo y amor; y no se pero debería de decir, literalmente grité las inexpresables explosiones de mi corazón. Estas olas vinieron repetidamente sobre mí hasta que recuerdo que clamé: "Debería morir si estas olas siguen pasando sobre mí." Dije: "Señor, no puedo soportar más," sin embargo no temía morir.

Cuánto tiempo continué en este estado, con este bautismo cayendo sobre mí y pasando a través de mí, no lo sé. Pero sé que ya era avanzada la noche cuando un miembro de mi coro, porque yo era el líder del coro, vino a verme a mi oficina. Él era miembro de la iglesia. Él me halló en este estado de llanto en voz alta, y me dijo: "Señor Finney, ¿qué le pasa?" Por un tiempo no pude responderle. Él me dijo entonces: "¿Le duele algo?" Tomé la mejor compostura que pude y contesté: "No, pero estoy tan feliz que no puedo vivir."[1]

Finney continúa:

Ahora que había recibido estos bautismos del Espíritu estaba plenamente dispuesto a predicar el evangelio. Hallé que ya no quería hacer nada más. Ya no tenía deseos de ejercer mi carrera de abogado.[2]

Creo que Finney estaría de acuerdo con la declaración del teólogo pentecostal J. Rodman Williams: "Bautismo en agua significa literalmente ser inmerso en, sumergirse bajo, e incluso mojarse o empaparse con agua. En efecto, ser bautizado en el Espíritu Santo es ser totalmente envuelto en y saturado con el Espíritu dinámico del Dios vivo."[3]

Recientemente conocí a un pastor que tuvo la experiencia transformadora de ser bautizado en el Espíritu Santo. Durante sus muchos años de educación universitaria se le había enseñado que los milagros, las señales, maravillas y experiencias carismáticas registradas en los Evangelios y el libro de Hechos fueron sólo para la Iglesia Primitiva. Él pudo escuchar bien su vida como pastor. Aun cuando sabía que sus profesores eran sinceros, él sentía que algo faltaba en su vida cristiana y su ministerio. A medida que estudiaba la Palabra y meditaba en las experiencias poderosas en el libro de Hechos, anhelaba tener las mismas experiencias que la Iglesia Primitiva tuvo.

Un día este joven pastor visitó una iglesia pentecostal de la cual había oído que estaba experimentando avivamiento. Él había celebrado campañas en su iglesia, pero estas habían sido programadas y habían concluido dentro de tres o cuatro días. La campaña de esta iglesia llevaba ya varias semanas. Cuando él entró al santuario, lo encontró lleno de personas que adoraban a Dios. Los coros fueron hermosos, y exaltaban a Jesucristo. El mensaje fue entregado con excelencia, pero la respuesta de la gente fue diferente a la que él estaba acostumbrado. La gente no sólo recibió a Cristo como su Salvador; también se oró por muchos para que recibieran sanidad y el bautismo en el Espíritu Santo. Él escuchó a gente que hablaba en otras lenguas, y vio a otros ser tocados por la presencia de Dios. Él también tuvo hambre de un toque especial del Espíritu Santo y con desesperación deseaba lo que Dios tuviera para él. Al salir del culto esa noche, oró en su corazón: "Dios, necesito más de ti. Necesito todo lo que tengas para mí; Estoy seco, vacío y listo para este don si es para mí."

Pocos días después, mientras este joven pastor empujaba su carrito en el pasillo del supermercado local, él sintió la presencia de Dios alrededor de él como lo había sentido en la iglesia que había visitado. No tenía dudas de que Dios quería hacer algo en su vida. Comenzó a orar en silencio, y las palabras que salieron eran en un idioma que él nunca había aprendido. Una sobrecogedora presencia de Dios que resultaba en un increíble deseo de adorar a Dios y amor por la gente, vino con el don que él acababa de recibir. El hambre en su corazón había sido satisfecha. Este pastor es un hombre diferente hoy. Él es un hombre asombrosamente emocionado y absolutamente convencido de que el Espíritu Santo da los mismos dones como lo hizo durante los días de la Iglesia Primitiva.

Relatos como este se pueden repetir literalmente gran cantidad de veces alrededor del mundo. Hay un hambre creciente en el corazón de mucha gente por todo lo que Dios tiene para ellos. Hemos sentido una nueva anticipación y anhelo en la vida de la gente por el poder de Dios y sus dones carismáticos.

EL DON DEL PADRE

Siempre nos ha gustado la navidad y los cumpleaños de nuestros hijos. El ver sus ojos brillar al abrir un regalo que mi esposa y yo les compramos ha sido una tremenda alegría. Dar regalos beneficia tanto al que recibe como al que da. Nos sentimos apreciados cuando recibimos algo que hemos deseado o necesitado; pero posiblemente más que el don, disfrutamos que otros nos comuniquen que ellos se preocupan por nosotros.

Jesús trató de la naturaleza dadivosa de Dios cuando preguntó: "¿Quién de ustedes que sea padre, si su hijo le pide un pescado, le dará en cambio una serpiente? ¿O si le pide un huevo, le dará un escorpión? Pues si ustedes, aun siendo malos, saben dar cosas buenas a sus hijos, ¡cuánto más el Padre celestial dará el Espíritu Santo a quienes se lo pidan!" (Lucas 11:11-13).

Jesús no se refería a nuestra experiencia de "nacer de nuevo" al momento cuando el Espíritu Santo es impartido (Juan 3:3-8), porque al momento que nacemos de nuevo, el nuevo creyente es automáticamente habitado por el Espíritu Santo. (Vea Romanos 8:9-10, 14-16; 1 Corintios 6:1920.) Jesús estaba hablando de otra experiencia con el Espíritu Santo — el "don" del bautismo en el Espíritu Santo.

Dios dio este don poderoso a la Iglesia Primitiva, y está disponible para la Iglesia de este siglo. Mucha gente ha perdido este don debido a mal entendimiento, representación equivocada de las Escrituras o ingenuidad. Tristemente, también, muchos cristianos no han deseado con fervor todo lo que Dios tiene para ellos. El bautismo en el Espíritu Santo es para usted y para mí. Le ayudará a ser todo lo que Dios quiere para usted. Dios quiere dar este don a cada creyente que lo desea.

Si su patrón le ofrece una nueva herramienta para realizar su trabajo con menos esfuerzo físico pero con más excelencia y precisión, ¿sacaría ventaja de esta oferta? Si un amigo le dice que hay un nuevo programa que tiene una gran capacidad para ayudar a la gente en sus esfuerzos para ser mejores esposos, esposas y padres, ¿se interesaría usted? ¿Y qué de una oferta de alguna manera de mejorar su testimonio cristiano o multiplicar sus esfuerzos a favor del reino de Dios? Dios le ha ofrecido un don que le dará mayor *dunamis*, "poder extraordinario," y liberará el poder del Espíritu Santo en su vida.

EL MODELO DE PENTECOSTES

Juan el bautista, cuyo bautismo estaba limitado al agua, profetizó que Jesús "bautizará... con el Espíritu Santo y con fuego" (Mat. 3:11).[4] La Biblia nos dice que después de la resurrección de Jesús, Él pasó cuarenta días instruyendo a sus seguidores acerca del reino de Dios. "Una vez, mientras comía con ellos, les ordenó: No se alejen de Jerusalén, sino esperen la promesa del Padre, de la cual les he hablado: Juan bautizó con agua, pero dentro de pocos días serán bautizados con el Espíritu Santo" (Hechos 1:4-5, énfasis añadido). El bautismo en el Espíritu Santo fue experimentado primero en el Día de Pentecostés. Lucas describe este acontecimiento en Hechos 2:1-4: "Cuando llegó el día de Pentecostés, estaban todos juntos en el mismo lugar. De repente, vino del cielo un ruido como el de una violenta ráfaga de viento y llenó toda la casa donde estaban reunidos. Se les aparecieron entonces unas lenguas como de fuego que se repartieron y se posaron sobre cada uno de ellos. Todos fueron llenos del Espíritu Santo y comenzaron a hablar en diferentes lenguas, según el Espíritu les concedía expresarse." ¡La prometida bendición que se les había ordenado esperar había llegado!

Cuando alrededor de 120 personas (Hechos 1:15) en la Iglesia Primitiva recibieron esta experiencia después de la resurrección de Jesucristo, recibieron la burla de quienes los observaban los que afirmaban que estaban ebrios. (Vea Hechos 2:13.) Otros se preguntaban qué significaba cuando tanta gente hablaba en idiomas que nunca habían aprendido: "¡Los oímos proclamar en nuestra propia lengua las maravillas de Dios! (Hch 2:11). Acerca de esta experiencia, Billy Graham escribe: "¡Ese fue un gran día! Para nosotros es difícil imaginar, con nuestra mentalidad práctica, terrenal, científica, el asombroso suceso de ese día."[5]

En respuesta a los comentarios y preguntas de la multitud, Pedro predicó el primer sermón conocido después de la resurrección de Jesucristo. Como resultado, cerca de tres mil personas se convirtieron a Cristo ese día. En su sermón Pedro explicó que esta experiencia era el cumplimiento de lo que el profeta Joel había dicho que sucedería en los últimos días: "Sucederá que en los últimos días —dice Dios—, derramaré mi Espíritu sobre todo el género humano" (Hechos 2:17). Pedro desafió a la multitud "arrepiéntanse y bautícese cada uno de ustedes en el nombre de Jesucristo para perdón de pecados —les contestó Pedro—, y recibirán el don del Espíritu Santo. En efecto, la promesa es para ustedes, para sus hijos y para todos los extranjeros, es decir, para todos aquellos a quienes el señor nuestro Dios quiera llamar" (vv. 38-39).

Entre otras muchas verdades, Pedro dijo que esta "promesa" es "para todos los extranjeros". Nosotros somos esa gente de la que Pedro hablaba. Dios nunca tuvo la intención de que esta experiencia fuera sólo para los primeros creyentes. Alrededor de todo el mundo en la actualidad, millones de creyentes reciben el mismo don que los antiguos discípulos de Jesús recibieron.

La llenura del Espíritu Santo en el día de Pentecostés comenzó a ser un modelo para el "bautismo en el Espíritu" de allí en adelante. Cuando llegamos a ser cristianos, recibimos el Espíritu Santo (Juan 3:3-6; 20:22) y llegamos a ser participantes de la naturaleza divina. (Vea 2 Pedro 1:14.) Sin embargo, cuando somos bautizados con el Espíritu Santo, recibimos poder para testificar por Cristo y trabajar con mayor eficiencia dentro de la iglesia y ante el mundo. (Hechos 1:8.) Recibimos la misma unción divina que descendió sobre Cristo. (Vea Hechos 2:43; 3:2-8; 5:12-16; 6:8; 10:38.)[6] "El bautismo en el Espíritu es 'distinto de la conversión,'" dice el teólogo pentecostal Robert Menzies, en que "desata una nueva dimensión del poder del Espíritu: es un revestimiento de poder para servicio."[7] La dádiva del Espíritu no es para salvación sino para un servicio mayor en el reino de Dios.

Era vital que los discípulos entendieran el propósito del bautismo en el Espíritu Santo y que no intentaran hacer nada para cumplir la misión de Dios hasta que recibieran esta experiencia. El propio Jesucristo no comenzó su ministerio hasta que fue ungido con el Espíritu Santo y poder. (Vea Hechos 10:38.) Él instruyó a sus discípulos: "Pero cuando venga el Espíritu Santo sobre ustedes, recibirán poder y serán mis testigos tanto en Jerusalén como en toda Judea y Samaria, y hasta los confines de la tierra" (Hechos 1:8). Esta experiencia sería el más poderoso don de Dios.

Russell Spittler de la Universidad Vanguardia declara con exactitud: "Los pentecostales deberían de decir: (1) Jesús había resucitado; (2) en los días que siguieron, Él ordenó la Gran Comisión, pero también, en Lucas 24:49, dijo a sus discípulos que esperaran el Espíritu Santo en Jerusalén; y (3) el Espíritu vino como Jesús prometió, y la misión comenzó."[8]

Dios deseó que cada creyente en Cristo fuera dinámicamente dotado de poder por el Espíritu. Esta experiencia no hace a un cristiano alguien "más especial" para Dios, porque Dios no muestra favoritismo. Sin embargo, el bautismo en el Espíritu Santo le dará mayor valentía junto con una medida de poder igual al poder que habitó en los creyentes primitivos. La persona que recibe este poder será capaz de efectuar obras maravillosas a favor del reino de Dios. En su lugar de trabajo, su matrimonio, sus amistades – en dificultades, en luchas espirituales, y en situaciones donde usted piensa que no tendrá la fuerza para seguir adelante, Dios lo capacitará sobrenaturalmente para que usted sea y haga lo que necesita ser y hacer. Este poder sobrenatural es la manifestación que viene con la bendición.

Dios quiere que su iglesia opere en el poder sobrenatural, no en la fuerza natural. La mayor necesidad es que cada cristiano sea dotado de poder sobrenatural de manera que la iglesia opere en la mayor dimensión posible de vida en el Espíritu. El poder humano solo para hacer la obra de Dios nunca es suficiente. Pablo recuerda a Timoteo que el Espíritu Santo es el "espíritu de poder" (2 Tim. 1:7). Pablo también oró para que los cristianos efesios fueran fortalecidos "por medio del Espíritu y con el poder que procede de sus gloriosas riquezas" (Ef. 3:16). Al escribir de su predicación a la iglesia de Corinto, Pablo dijo: "No les hablé ni les prediqué con palabras sabias y elocuentes sino con demostración del poder del Espíritu, para que la fe de ustedes no dependiera de la sabiduría humana sino del poder de Dios" (1 Cor. 2:4-5).

Este poder sobrenatural explica cómo y por qué la Iglesia Primitiva fue capaz de realizar las obras asombrosas que llevó a cabo. Personas ordinarias hablaron con poder y vieron tremendos resultados porque el Espíritu Santo estaba obrando en sus vidas. La maravillosa verdad es que cuando leemos acerca de cómo la Iglesia Primitiva operó, podemos asumir que se nos puede dar el poder para operar y funcionar en maneras similares. Las manifestaciones de los cristianos primitivos pueden ser nuestras manifestaciones. Los milagros que ellos vieron pueden ser parte de nuestra experiencia. La valentía que vino a estos primitivos cristianos puede ser nuestra también.

VALENTIA BAJO PRESION

Escuché la historia de un milagro tremendo que ha afectado literalmente miles de personas. Desde el fin de la Guerra de Vietnam ha habido numerosos esfuerzos de varias agencias misioneras para alcanzar ese país con el evangelio de Jesucristo. Debido a la ayuda de Dios en estos esfuerzos, han estado sucediendo cosas asombrosas. Se han comenzado muchas nuevas iglesias, se han edificado orfanatos, y personas dinámicas del país han tomado el liderazgo. Junto con esto, se ha desatado una gran persecución y presión para detener cualquier intento para evangelizar el país, especialmente en el norte.

En 1994 la familia Moses Caos habló en un culto de adoración en Fresno, California, acerca de su preocupación y carga por Vietnam. Cuando terminaba el culto, la gente se reunió alrededor de la familia Caos y oró por ellos.

Durante el tiempo de oración, algo asombroso sucedió. Una mujer en la audiencia habló en voz alta en el idioma vietnamita. Esta mujer nunca había aprendido ese idioma; tampoco tenía idea de que ella había hablado vietnamés. La familia Caos entendió fácilmente lo que ella estaba diciendo.

Cuando la mujer comenzó a hablar, ella habló en un dialecto de Vietnam del Sur. Sus palabras fueron palabras de motivación y promesas de la fidelidad de Dios a la familia Caos. La mujer comenzó luego a hablar en el dialecto de Vietnam del Norte. Ella oró para que el evangelio fuera predicado en el norte de Vietnam también. Ella suplicaba que la gente en esa parte del país pudiera escuchar la historia de Jesucristo, también.

Desde ese increíble acontecimiento, cientos de personas del norte de Vietnam han estado respondiendo al evangelio. Ha habido asombrosos reportes de sanidades, liberaciones y milagros. También, muchos creyentes en Vietnam han sido terriblemente perseguidos y aun encarcelados a causa de su fe.

Este mensaje en lenguas dado por una mujer en Fresno fue una gran motivación para aquellos que sufren en el norte. Debido a esta demostración de un don sobrenatural, ellos saben que el corazón de Dios suspira por ellos y que Él está al tanto de todo lo que ellos padecen.[9]

El poder del Espíritu se demostró en dos maneras principales en esta ocasión. La mujer tuvo la habilidad para hablar en un idioma que nunca había aprendido. (Hablaremos de este don en más detalle más adelante en el libro.) Y ella tuvo el valor para hablar en voz alta en la iglesia y tratar de comunicar lo que su espíritu estaba sintiendo.

Por su parte, la familia Caos fue animada tremendamente para esparcir la palabra de regreso en su propio país. El uso de Dios de una manifestación sobrenatural ayudó a los cristianos en el norte de Vietnam, y ellos se volvieron más valientes en su fe.

El poder que viene a la vida de los cristianos cuando reciben el bautismo en el Espíritu Santo los capacita para hacer la obra de Dios a pesar de las dificultades y presiones que ellos puedan enfrentar. También los ayuda a ser testigos.

La palabra griega para testigo es *martyr*. Los mártires están dispuestos a rendir sus vidas por lo que ellos creen. Ellos están dispuestos a morir por su fe —millones lo han hecho— porque sus convicciones son fuertes. Rara vez la persona promedio estaría dispuesta a morir por lo que cree. Nuestras convicciones cristianas necesitan ser tan fuertes de modo que estemos dispuestos a dar nuestra vida por la causa del reino de Dios.

COMPELIDO POR DIOS

Aquellos que han recibido el bautismo en el Espíritu Santo a menudo se sienten impulsados por Dios para decir o hacer cosas y entrar en ocupaciones que no buscarían de manera natural. Yo no quería entrar en el ministerio, aun cuando había crecido en el hogar de un ministro. Mi padre insistió que yo asistiera a una universidad bíblica así que, a regañadientes, lo hice. No encajaba allí. No era feliz porque no vivía para Dios. No tenía la misma entrega que veía en mis padres, y evitaba rendir incondicionalmente mi vida a Dios. Entonces un día sentí que el Espíritu de Dios tocó mi vida. Mi corazón se derritió de su terquedad, y sentí la convicción de servir a Cristo de todo corazón. Decidí rendir toda mi vida al Señor. Desde ese día hasta hoy, sólo he querido hacer lo que el Espíritu Santo me ha dicho que haga. Mi experiencia no es inusual, porque Dios continuamente ha influenciado gente para cambiar sus metas, planes y sueños en esta manera. El misionero William Carey planeó ir a la Gran Polinesia en los mares del Sur. El Espíritu Santo lo guió a la India, donde tradujo la Biblia a cerca de cuarenta diferentes idiomas y dialectos. La ambición de David Livingstone era trabajar en China. El Espíritu Santo lo guió al África, donde llegó a ser misionero, hombre de estado y explorador. La elección de Adoniram Hudson era la India. El Espíritu Santo lo urgió a ir a Burma, donde realizó un gran trabajo para Dios, traduciendo la Biblia al idioma de ese país.[10]

Es importante que entendamos el valor de nuestra obediencia a la dirección del Espíritu Santo. Así como los niños pequeños aprenden a caminar y luego a correr, es lo mismo con aprender a caminar en el Espíritu Santo. Al tomar nuestro primer paso de fe, Dios revelará el siguiente. Podemos esperar que Dios aclarará lo que debemos hacer. Como el renombrado ministro y escritor A. T. Pierson dice: "Hay muchos secretos de liderazgo que todavía tienen que salir a la luz; a miles de siervos de Dios Él les ha prohibido seguir sus propios planes, ¡porque Él tiene alguna puerta inesperada de servicio abierta delante de ellos! Necesitamos confiar en Él por su guía y regocijo en sus restricciones y prohibiciones; porque si tenemos sabiduría infinita y amor para guiarnos, no debemos ni un instante cambiar su plan perfecto para nuestra vida."[11]

Cuando recibimos el bautismo en el Espíritu Santo, también recibimos una habilidad única para ser testigos. Esto no significa que se espera que usted tenga que dedicarse al ministerio de tiempo completo. Muchos han malentendido las intenciones del Señor en su vida y han entrado en el ministerio pensando que están obligados porque han recibido una experiencia maravillosa de parte de Dios. El bautismo en el Espíritu Santo es para todos, y será una formidable ayuda para usted sin importar su ocupación, ubicación o edad. Usted sentirá una nueva fuerza, autoridad y confianza para ser un testigo y comunicador de la verdad de Dios acerca de su precioso Hijo Jesucristo. La iglesia del nuevo milenio del siglo veintiuno, como la iglesia del libro de los Hechos, necesita el poder dinámico del Espíritu para equipar para evangelizar el mundo y edificar el cuerpo de Cristo. El Espíritu vino el día de Pentecostés porque los seguidores de Jesús "necesitaban un bautismo en el Espíritu que daría poder a su testimonio para que otros pudieran de esa manera entrar en la vida y la salvación."[12]

Cada uno de nosotros necesita el poder del Espíritu Santo. El erudito anglicano Henry Barclay Swete dice: "A medida que toda la iglesia se consagra para su sacerdocio espiritual por el don del Espíritu, así el ministerio de la iglesia, que está directamente preocupada con las cosas espirituales, necesita en mayor grado la unción del Espíritu."[13]

CARACTERISTICAS COMUNES DE LOS CRISTIANOS BAUTIZADOS CON EL ESPIRITU

Celo evangelístico

Ser lleno del Espíritu Santo y ganar al perdido van de la mano. Alrededor del mundo, en especial en América Latina, África, Europa del Este y los países de la cuenca del pacífico, se espera que los cristianos "llenos del Espíritu" sean testigos de Jesucristo. "Una de las principales razones que explican la existencia del movimiento pentecostal es el evangelismo."[14] Los pentecostales leen el libro de los Hechos y creen que los dones del Espíritu Santo están disponibles para ellos hoy. Ellos observan que la Iglesia Primitiva estaba enfocada en el evangelismo y creen que deben conducirse y responder de la misma manera. El evangelismo es su primera meta. Debido a este enfoque, los programas misioneros pentecostales han entrado dinámicamente en áreas no convertidas del mundo, a menudo con gran riesgo, creyendo que Dios los capacitaría para alcanzar estas áreas para Cristo.

Confianza en el Espiritu Santo

Aquellos que han sido bautizados en el Espíritu tienen una experiencia única con el Espíritu Santo y confían en el poder y la persona del Espíritu. Larry Christenson, un líder en el movimiento de renovación carismática, dice: "El cristianismo pentecostal no supone meramente la presencia y actividad del Espíritu Santo en la iglesia. La espera, la planifica y depende de ella."[15] Y el anterior superintendente general de las Asambleas de Dios Thomas F. Zimmerman dijo una ocasión: "Aunque hemos crecido en número, sería necio suponer que 'habiendo comenzado en el Espíritu' podríamos alguna vez sustituir la fuerza de las masas por el poder y la presencia de Dios en nuestra vida. Nuestra fortaleza no es por la fuerza ni por el poder, sino por mi Espíritu, dice el Señor Todopoderoso."[16] La Iglesia Primitiva dependía en el Espíritu Santo para guiarlos en lo que hacían y para darles los dones carismáticos necesarios para la tarea, ellos también creyeron que recibirían el poder que necesitaban. Cuando haya recibido el bautismo en el Espíritu Santo, tendrá una dependencia similar. Dará por hecho que el Espíritu Santo le ayudará en la misma manera que Él hizo en la Iglesia Primitiva.

Un poder único dado por el Espíritu Santo

Aquellos que han recibido el bautismo en el Espíritu Santo creen que un poder dinámico único (no natural) estará disponible para ellos mientras ellos hacen la voluntad de Dios. Su "teología de poder" ha llevado a lo que algunos llaman "evangelismo sobrenatural."[17] En su libro *Azusa Street and Beyond* [La calle Azusa y más allá], Grant McClung Jr. Escribe:

> Para los pentecostales, cada sanidad, milagro, manifestación espiritual, es un testigo y un testimonio del poder de Dios. La sanidad presta valor a la conversión y se convierte, en un sentido… en un anhelo del reino celestial… Las señales y maravillas se vuelven medios evangelísticos a través del cual el mensaje del reino es actualizado en liberación "centrada en la persona".
>
> Además, los pentecostales están dispuestos a abordar "el

lado oscuro del alma" y desafían el creciente fenómeno del ocultismo, la adoración a Satanás y la posesión demoníaca. Este enfoque de abordar el poder del enemigo se ha llegado a conocer en círculos misionológicos como "enfrentamiento de poderes", una confrontación dinámica entre dos religiones diferentes y opuestas en las que ambas se oponen entre sí en una confrontación abierta en la literatura misionera pentecostal, y forma una parte central de la estrategia misionera pentecostal.[18]

Liderazgo Laico

Dios usa grandemente a personas que no son "clérigos profesionales". La capacidad para ser usado por Dios es para todos, no sólo para los profesionales. Alrededor del mundo, la iglesia pentecostal y carismática está creciendo grandemente debido a que los laicos se han dado cuenta que los dones del Espíritu Santo están disponibles para ellos. Esta comprensión los capacita para tomar su experiencia personal con el Señor y llevarla con sus amigos, familiares y conocidos. Ellos oran por otros, les testifican y piden a Dios que realice sanidades y liberaciones como lo hacen sus pastores. Ellos dependen en el Espíritu Santo para que los guíe en sus relaciones, en sus vecindarios y en su lugar de trabajo. Se pueden dar una incontable cantidad de ejemplos acerca de cómo miembros "bautizados en el Espíritu" han demostrado dones que muchos creían que estaban sólo a la disposición de los clérigos. Así como Dios usó siete laicos en la Iglesia Primitiva, Él usará a los laicos el día de hoy. (Vea Hechos 6:1-6.)

Una sensación de que Jesus Cristo está activamente involucrado en la vida personal

Aquellos que han sido bautizados en el Espíritu literalmente creen que Jesús irá con ellos a los confines de la tierra. Ellos anticipan que este poder y autoridad estará disponible para ellos en la medida que se mantengan en buena relación con Él, vivan la vida cristiana, y testifiquen a la gente que se cruce en su camino. Esta comprensión ha animado grandemente al cristiano típico lleno del Espíritu a creer que Jesús le dará los dones del Espíritu Santo como los dio a la Iglesia Primitiva.

Cuando leemos acerca de las experiencias de los creyentes en la Iglesia Primitiva, nos da hambre de ser usados por Dios de la misma manera. La gente venía a Cristo desde todos los caminos de la vida. Dios estaba usando poderosamente este pequeño grupo de creyentes para abrirse paso a través de los poderes de las tinieblas con señales y maravillas. La gente era sanada, liberada, y maravillosamente transformada conforme el evangelio se expandía a través de la tierra. Usted puede ser usado de la misma manera. Alrededor de usted hay gente desesperada, lastimada y confundida. Su testimonio cristiano y vida de fe demostrada por el poder del Espíritu Santo podrían ser las cosas que hagan que otros quieran lo que usted tiene.

ESTE DON SE LE PROMETE A USTED

A menudo he sentido que necesito cada pedacito del poder que Dios tiene disponible para hacer lo que Él me pide que haga. No puedo imaginarme no tener la experiencia prometida del Espíritu Santo. Cientos de millones de personas lo han recibido. Joel profetizó que este don sería dado a la iglesia de los "últimos días" (Joel 2:28; Hechos 2:17), y Pedro dijo a la multitud que se reunió el día de Pentecostés que si ellos rendían sus vidas a Jesucristo, la promesa era para ellos y sus hijos y "para todos los extranjeros, es decir, para todos aquellos a quienes el Señor nuestro Dios quiera llamar" (Hechos 2:39).

Siento que hay una buena posibilidad de que cuando lleguemos al cielo se nos hagan algunas preguntas. Dos de ellas podrían ser: "¿Recibiste el don?" "¿Qué hiciste con él?" Millones dirán algo como esto: "Recibí el maravilloso don del bautismo en el Espíritu Santo. Gracias por el poder sobrenatural para ser testigo de Jesucristo." Millones también dirán: "No sabía que era para mí. Pensé que era sólo para gente especial como los apóstoles o los primeros cristianos. ¿Cómo pude haberlo perdido? Podría haber hecho mucho más por el Señor si hubiera recibido este poder."

¿Y qué de usted? ¿Ha recibido el don? Si lo ha recibido, ¿Qué está haciendo con él?

CAPÍTULO 3

La Evidencia: Hablar en Lenguas

LA ISLA DE PATMOS en el mar Egeo es un lugar desolado y estéril que mide cerca de trece kilómetros de largo por nueve kilómetros de ancho. Los romanos usaron la isla como un lugar para desterrar criminales. El apóstol Juan fue sentenciado a esta isla a causa de su fe cristiana.

George, un inmigrante griego a los Estados Unidos, nació en la isla de Patmos y tiene en alto valor su herencia griega y su idioma griego. Como anciano en una iglesia nominal en Washington, D. C., llegó a desanimarse de su fe y a desilusionarse de su iglesia. Un domingo por la mañana su esposa Eva le preguntó si le gustaría asistir a otra iglesia. La otra iglesia era una iglesia pentecostal, vibrante y fuerte, en la misma ciudad y ella pensó que asistir a otro tipo de culto de adoración podría animar a su esposo. George estuvo de acuerdo. Disfrutaron la visita de ese día y decidieron seguir asistiendo. La enseñanza era sólida, la gente era motivadora y amigable, ellos se sintieron como en casa. Sin embargo, ellos no entendían completamente la enseñanza sobre los dones del Espíritu Santo.

Después de un estudio bíblico un miércoles por la noche cuando estaban orando, George escuchó un idioma familiar. Él dijo: "Mientras escuchaba, difícilmente podía creer lo que oía. Alguien estaba hablando palabras en griego – ¡el idioma de mi nativa Patmos! Cuando terminó el tiempo de oración, George se dirigió rápidamente hacia el hombre que había estado hablando griego. "¿Dónde aprendiste a hablar griego?" preguntó George al caballero.

"No se ni una palabra de griego," respondió el hombre. "Comencé a orar en este idioma cuando recibí el bautismo en el Espíritu Santo."

George comenzó a llorar, orando y dando gracias a Dios de que se interesara tanto en él como para mostrarle que los dones del Espíritu eran reales. Él y Eva estaban ahora convencidos de que los dones de Dios son para la iglesia hoy en día, no sólo para la Iglesia Primitiva.

Poco después de esta experiencia, George y Eva recibieron el bautismo en el Espíritu Santo y hablaron en un idioma que nunca habían aprendido.[1]

El misionero Denny Miller narra una historia similar. Él y su esposa Sandy son misioneros a Malawi. Una noche, después de predicar en la villa de Mtengo, Wathenga, muchos estaban orando alrededor del frente de la iglesia. Mientras Denny oraba con varias personas, él se acercó a una mujer muy anciana que oraba a Dios en excelente inglés. El misionero pensó naturalmente que ella sabía inglés y oró por ella en inglés dando por sentado que ella entendería. El pastor local llevó al misionero a un lado y le dijo: "Ella nunca ha hablado una palabra en inglés antes." Ella acababa de ser llena con el Espíritu, y el inglés era el idioma que se le había dado.[2]

Estas historias pueden parecerle inusuales, o quizá usted es un poco escéptico cuando escucha a gente hablando en idiomas que nunca han aprendido. Hablar en lenguas ha sido el tema de muchas discusiones y sermones. Es una experiencia compartida por literalmente millones de cristianos alrededor del mundo. Cuando se les pregunta, estos cristianos que hablan en idiomas que nunca han aprendido a menudo dirán que ellos recibieron el don cuando experimentaron el ser bautizados en el Espíritu Santo y entonces comenzaron a usar ese idioma de allí en adelante.

DERRAMAMIENTO EN JERUSALEN

No conocemos el lugar exacto en Jerusalén donde los primeros discípulos recibieron por primera vez el bautismo en el Espíritu Santo.[3] Sabemos que era una habitación grande porque había más de cien personas presentes. Probablemente el edificio era una estructura típica de Jerusalén hecha de piedra, con barro por mortero. Con toda probabilidad, si todos comenzaron a orar en voz alta, el ruido habría sido escuchado por los que estaban cerca. Los vecinos pudieron haber pensado, *Hay alguna clase de fiesta o celebración en ese lugar.*

La Biblia nos dice que cerca de 120 discípulos estaban juntos en un lugar (Hechos 2:1) esperando "la promesa del Padre" (Hechos 1:4) de la que Jesús les había hablado. Ellos no sabían cómo sería esa promesa, porque Jesús sólo había dicho: "Dentro de pocos días ustedes serán bautizados con el Espíritu Santo" (Hechos 1:5).

Sólo podemos especular acerca de cómo estos creyentes primitivos esperaron. Estoy seguro que hubo oraciones y muchas conversaciones con la pregunta: "¿Cuándo vendrá la promesa?" y "¿Cómo será?" Con seguridad nunca dudaron que habría alguna demostración del poder de Dios, porque Jesús lo había prometido y les había pedido esperar. La mayoría de esta multitud había visto a Jesús resucitado, y algunos realmente lo vieron ascender en las nubes. Debido a su experiencia de primera mano las vidas de estos primeros seguidores de Jesucristo nunca sería la misma.

Una sensación de expectación llenó la habitación. Aunque estos creyentes estaban completamente convencidos de que algo bueno iba a ocurrir y que era un don prometido de parte de Dios, ellos probablemente no tenían idea exacta de lo que ellos anticipaban o el posible impacto físico o el sentimiento emocional que lo acompañaría. Tal vez ellos habían ponderado y discutido las palabras del profeta Joel:

> Sucederá que en los últimos días —dice Dios—, derramaré de mi Espíritu sobre todo el género humano.
> Los hijos y las hijas de ustedes profetizarán, tendrán

visiones los jóvenes y sueños los ancianos. En esos días derramaré mi Espíritu aun sobre mis siervos y mis siervas, y profetizarán.

Hechos 2:17-18

Los creyentes sabían que cualquier cosa fuera este don, debía ser importante porque Jesús fue enfático en que ellos debían aguardar la experiencia antes de que intentaran ser "testigos... hasta los confines de la tierra" (Hechos 1:8).

En su libro *They Speak With Other Tongues* [Hablan en otras lenguas], John Sherrill hace estos útiles comentarios:

> En el Antiguo y en el Nuevo Testamento el concepto de poder y Espíritu están estrechamente relacionados. En el Antiguo Testamento el poder opera principalmente a través de grandes reyes y profetas que guían la nación. En el Nuevo Testamento el poder está ahora a punto de ser derramado sobre la gente ordinaria que sigue a Cristo. En ambos testamentos, cuando el Espíritu toca la vida humana, la personalidad es transformada.[4]

Lucas narra el acontecimiento de esta manera: "Cuando llegó el día de Pentecostés, estaban todos juntos en el mismo lugar. De repente, vino del cielo un ruido como el de una violenta ráfaga de viento y llenó toda la casa donde estaban reunidos. Se les aparecieron entonces unas lenguas como de fuego que se repartieron y se posaron sobre cada uno de ellos. Todos fueron llenos del Espíritu Santo y comenzaron a hablar en diferentes lenguas, según el Espíritu les concedía expresarse" (Hechos 2:1-4).

¡Imagínelo! La habitación llena de ruido como el de una "violenta" ráfaga de viento. Esta no era una tormenta que azotaba Jerusalén; el resto de la ciudad estaba en calma. La fuerza inesperada no era natural; era sobrenatural. Junto a este ruido, la maravillosa presencia de Dios había llenado la habitación – un sentimiento de gran paz, contentamiento, y gozo acompañado por sublime poder y autoridad. Los que estaban presentes podían sentir física y emocionalmente la presencia del Consolador.

Mientras los creyentes se veían unos a otros, vieron realmente algo como "fuego" asentado sobre cada persona presente. Pronto uno, luego otro, y otro comenzaron a hablar en idiomas que nunca habían aprendido. Ellos deben de haber estado entusiasmados. "¡Esto es! Finalmente, ¡el *don* que Jesús prometió!" Profunda satisfacción y valentía comenzó a llenar sus corazones mientras la experiencia continuaba en esa mañana de Pentecostés. Nadie tuvo que explicar lo que estaba sucediendo. Todos estaban seguros que el don prometido que ellos habían estado esperando había arribado.

Había gran emoción en la habitación, y el ruido podía escucharse afuera. Otros se detuvieron y escucharon asombrados. Ellos sabían que la habitación estaba llena de galileos, pero ellos los oían hablar en una variedad de idiomas, "las maravillas de Dios" (Hechos 2:11).

Una multitud de espectadores comenzó a juntarse fuera del edificio, algunos se burlaban de lo que sucedía, y otros sinceramente se preguntaban qué significaba todo esto.

John Sherrill escribe:

> Había una cualidad acerca de la experiencia que produjo dos respuestas. En primer lugar había lenguas. Y entonces, en Pentecostés, de todas maneras, se volvían un poco pendencieros, lo suficiente como para que la gente que los observaba se preguntaran si estaban borrachos. Esto me golpea como un contraste curioso con los púlpitos solemnes de hoy que el primer sermón cristiano debió comenzar con una firme negación de parte del predicador de que él y sus amigos estaban borrachos. ¿Por qué? Dijo él, son apenas las nueve de la mañana, ¿cómo podría alguien estar ebrio?[5]

Stanley Horton nota:

> Tan pronto como fueron llenos, los 120 comenzaron a hablar (y continuaron hablando) en otras lenguas (idiomas). "Comenzaron" es significativo porque muestra,

como en Hechos 1:1, que lo que comenzó fue continuado en otras ocasiones, indicando de ese modo que las lenguas eran el acompañamiento normal del bautismo en el Espíritu Santo. Este hablar vino según el Espíritu les dio que hablaran (procedió a dar y se mantuvo dándoles lo que debían hablar o declarar). Es decir, ellos usaron sus lenguas, sus músculos. Ellos hablaron, pero las palabras no procedieron de sus mentes o pensamiento. El Espíritu les dio la expresión, la cual ellos expresaron valientemente, en voz alta y con obvia unción y poder. Esta fue la señal del bautismo en el Espíritu que se repitió.[6]

Cuando Pedro decidió hablar a la multitud, él no tenía dudas de lo que estaba sucediendo. Él reunió a los otros once apóstoles, y ellos estuvieron juntos mientras Pedro predicaba su primer sermón. La frase "Pedro... se puso de pie" indica que algo dinámico le había sucedido, porque no muchas semanas antes de esta experiencia, Pedro había invocado maldiciones sobre sí mismo y había jurado que él no era seguidor de Jesús. (Vea Marcos 14:71.) Él había tenido temor y no quería asociarse con Jesús porque él iba rumbo a una posible sentencia de muerte. Pedro pudo haberse sentido atormentado en su mente. Su mejor amigo le estaba siendo arrebatado, y si hablaba a favor de él podría recibir el mismo tratamiento. Quizá sus pensamientos clamaron, *¡Quiero defenderlo! ¡Necesito decir algo! Pero si lo hago, ellos me apresarán también.* Debido a su temor, Pedro precipitadamente negó cuando alguien lo reconoció, diciendo: "Éste es uno de ellos" (Marcos 14:69).

Pero no ahora. Esta vez "Pedro... se puso de pie." Él tenía otra oportunidad, y junto con ella tuvo un valor y poder único. El temor se había ido.

Pedro era dramáticamente diferente. A él siempre le había gustado estar con Jesús. De hecho, había intentado cosas que ninguno de los otros discípulos intentaría. Cuando él y los discípulos cruzaban el Mar de Galilea, ellos vieron a alguien o algo caminando sobre el agua:

Cuando los discípulos lo vieron caminando sobre el agua, quedaron aterrados. –¡Es un fantasma! –gritaron de miedo. Pero Jesús les dijo enseguida: –¡Cálmense! Soy yo. No tengan miedo. –Señor, si eres tú– respondió Pedro–, mándame que vaya a ti sobe el agua. –Ven– dijo Jesús.

Mateo 14:26-29

Pedro impulsivamente saltó de la barca y comenzó a caminar sobre el agua hacia Jesús pensando, *si el Señor me dice que puedo hacerlo, entonces puedo*, y lo hizo. Cuando Pedro repentinamente se percató de lo que estaba haciendo, notó el viento. Quizá las olas y la espuma del agua golpearon su cuerpo y pensó acerca del hecho de que estaba caminando sobre el agua. Comenzó a hundirse. Su fe cambió inmediatamente en temor. La Biblia dice: "Pero al sentir el fuerte viento, tuvo miedo y comenzó a hundirse. Entonces gritó: ¡Señor sálvame!" (Mateo 14:30).

Aun cuando Pedro era impetuoso y el Señor vio y escuchó su negación, Jesús creyó en él. De hecho, su nombre era Simón, pero Jesús lo llamó Pedro (griego *Petros*), la piedra. Jesús vio algo en él que quizá nadie más vio – su potencial.

La experiencia de Pedro me recuerda algo que sucedió durante un escandaloso juego de fútbol del equipo de Georgia Tech. Un hombre llamado Roy Riegels recuperó una pelota para California. Por alguna razón Riegels se confundió y comenzó a correr sesenta y cinco yardas en la dirección equivocada. Uno de sus compañeros de equipo, Benny Lom, lo dejó atrás y lo atajó justo antes de que anotara a favor del equipo contrario. Cuando California intentó patear la pelota, Tech bloqueó el tiro y anotó dos puntos, lo que demostró ser el margen final de la victoria.

Esas jugadas extrañas sucedieron durante la primera mitad del partido, y todos los que veían el juego se hacían la misma pregunta: "¿Qué hará el entrenador Nibbs Price con Roy Riegels en la segunda mitad?" Los jugadores abandonaron el campo, se dirigieron a los vestidores y se sentaron en las bancas y el piso – todos menos Riegels. Él puso su toalla sobre sus hombros, se sentó en una esquina, puso su rostro en sus manos, y lloró como un niño.

Un entrenador regularmente tiene mucho que decir a su equipo durante el receso del medio tiempo, pero ese día el entrenador Price estaba calmado. Sin duda estaba tratando de decidir qué haría con Riegels. Cuando la persona que tomaba el tiempo les avisó que faltaban sólo tres minutos para comenzar de nuevo, Price miró al equipo y dijo simplemente: "Señores, el mismo equipo que jugó la primera mitad comenzará la segunda."

Los jugadores se pusieron de pie y salieron – todos menos Riegels. Él no se movió. El entrenador se volvió y lo llamó de nuevo; aun así él no se movió. El entrenador Price se acercó a Riegels y le dijo: "Roy, ¿no me escuchaste? El mismo equipo que jugó la primera mitad comenzará la segunda." Entonces Roy Riegels miró hacia arriba, y Price vio que sus mejillas estaban empapadas de lágrimas.

"Entrenador," le dijo: "No puedo hacerlo para salvar mi vida. Lo he arruinado a usted. Me he arruinado a mí mismo. No puedo enfrentar esa multitud en el estadio para salvar mi vida."

Entonces el entrenador Nibbs Price puso sus manos sobre los hombros de Riegels y dijo: "Roy, levántate y regresa. El juego apenas va a la mitad."

Riegels regresó, y aquellos jugadores de Georgia Tech le dirán que nunca han visto a un hombre jugar fútbol tan bien como lo hizo Roy Riegels en la segunda mitad.

Antes que Pedro predicara ese primer sermón, el Señor sabía que Pedro se sentía como un fracaso. Pero él también sabía que Pedro sería diferente después de haber recibido la llenura del Espíritu Santo. Él ya no miraría olas, negaría al Señor, o correría de miedo. En cambio, él hablaría con valor y poder.

Es importante que entendamos que Pedro comenzó su breve explicación de la experiencia del aposento alto con varias referencias a las Escrituras. Él no dijo: "Vean esta experiencia y lo que nos sucede. Lo que nos está sucediendo prueba que lo que ustedes ven y escuchan es verdad." Sólo porque una persona tiene una experiencia no la hace verdad. Lo que hace que una experiencia sea verdadera es si armoniza con la Palabra de Dios.

Recientemente, en una gran reunión carismática, el orador dijo al auditorio que ellos no debían cuestionar sino aceptar lo que él estaba diciendo. Este enfoque no es bíblico; es arrogante y carnal – o peor.

El sermón de Pedro estaba lleno de Escritura. Él explicó la experiencia de los 120 en el día de Pentecostés a partir de Joel 2:28-32. Luego citó el Salmo 16:8-1 y 110:1 para establecer cómo Dios cumplió sus promesas al levantar a Jesús de la muerte. Si no podemos aceptar la obra de Jesús sin encontrarla basada en la Palabra escrita, menos debemos aceptar nada que un maestro moderno diga cuando no está escrito en la Biblia. El propio Jesús resistió a Satanás al decir: "Escrito está" (Mateo 4:4). De igual forma Pedro no enfocó su mensaje en la experiencia de la llenura del Espíritu Santo. Después de explicar brevemente de las Escrituras lo que había ocurrido a los creyentes, él hizo exactamente lo que Jesús dijo que sus seguidores debían hacer después de recibir la llenura – él se convirtió en un testigo poderoso. Pedro predicó con autoridad acerca de la vida, muerte, resurrección y exaltación de Jesucristo. Él dijo: "Esto que ustedes ahora ven y oyen" es el Espíritu Santo prometido que el Cristo exaltado ha recibido del Padre. (Vea Hechos 2:31-33.)

No muchos días antes y sólo a unas cuadras de distancia, Pedro había visto a Jesús ser arrestado por una multitud armada con espadas y palos. Una vez temeroso, Pedro enfrentó ahora la multitud y dijo:

> Por tanto, sépalo bien todo Israel que a este Jesús, a quien ustedes crucificaron, Dios lo ha hecho Señor y Mesías. Cuando oyeron esto, todo se sintieron profundamente conmovidos y les dijeron a Pedro y a los otros apóstoles: —Hermanos, ¿qué debemos hacer? Arrepiéntanse y bautícese cada uno de ustedes en el nombre de Jesucristo para perdón de sus pecados —les contestó Pedro—, y recibirán el don del Espíritu Santo. En efecto, la promesa es para ustedes, para sus hijos y para todos los extranjeros, es decir, para todos aquellos a quienes el Señor nuestro Dios quiera llamar.
> Hechos 2:36-39

Mientras Pedro hablaba, sus oyentes "se sintieron profundamente conmovidos". El Espíritu Santo penetró su dureza, su resistencia y su burla. Este es el único lugar donde se usa esta frase en el Nuevo Testamento, pero en la traducción griega del Antiguo Testamento se usa en Génesis 34:7 para describir cómo los hijos de Jacob se sintieron cuando descubrieron que su hermana, Dina, había sido deshonrada por Siquem. Literalmente la frase significa: "Pinchazo con una punta afilada, para causar una pena aguda asociada con ansiedad o remordimiento."

La multitud que escuchaba a Pedro tenía todas sus emociones y barreras mentales derribadas por el Espíritu Santo. Ellos se percataron que lo que Pedro estaba diciendo era verdad, y ellos querían ser aliviados de la convicción y experimentar lo que había sucedido a los discípulos del "aposento alto."

Ellos dijeron: "¿Qué debemos hacer?"

Pedro les dijo: "Arrepiéntanse." Asuman la responsabilidad. Cambien su forma de pensar. Dejen de jugar al culpable. "Bautícese cada uno de ustedes en el nombre de Jesucristo para perdón de sus pecados —les contestó Pedro—, y recibirán el don del Espíritu Santo" (Hechos 2:38). ¿Por qué lo recibirían ellos también? Porque era promesa de Dios. Puesto que no hay ciudadanos de segunda clase en el reino de Dios, la experiencia que ellos habían visto y oído les podía suceder a ellos. Finalmente, Pedro les suplicó advirtiendo: "¡Sálvense de esta generación perversa!" (Hechos 2:40)

No sabemos cuánto tiempo tomó, pero los acontecimientos que siguieron al sermón de Pedro seguramente deben haber llevado horas. Sólo podemos imaginarnos la secuencia del tiempo. Una gran multitud tomó la decisión que el mensaje de Pedro era correcto y que la experiencia que habían observado era auténtica. Ellos respondieron a la apelación de Pedro aceptando su mensaje acerca de Jesucristo y siendo bautizados. En un día la Iglesia agregó alrededor de tres mil creyentes.

Desde ese día Pedro nunca sería el mismo. Él había recibido la promesa del Espíritu Santo, y con ella recibió la habilidad de hablar en otras lenguas y el valor dado por Dios en su vida.

LA EVIDENCIA: LA CASA DE CORNELIO

¿Cuál fue la evidencia de que Pedro y los 120 habían recibido el don prometido? No sólo sintieron un valor único (definido como un valor emocional y dinámico para testificar), sino que también hablaron en otros idiomas (griego *glossolalia* traducido "lenguas" y procede de las palabras *glossa*, que significa "idioma," y *lalia*, que significa "hablar"). Esto era algo que se observó y oyó en la casa de Cornelio. Esta comprensión más tarde llegó a convertirse en la prueba de que los creyentes gentiles en la casa de Cornelio habían recibido la vida eterna también. "El don del Espíritu Santo se hubiera derramado también sobre los gentiles, pues los oían hablar en lenguas alabar a Dios" (Hechos 10:45-46).

Por favor no entienda mal lo que estamos diciendo. Usted no tiene que hablar en lenguas para llegar a ser cristiano. Su salvación se le da a usted debido a su fe en el Cristo resucitado, y por escoger hacerlo el Señor de su vida. (Vea Romanos 10:9-10.) Su salvación no tiene nada que ver con hablar en lenguas o no; sin embargo, el bautismo en el Espíritu Santo con la capacidad de hablar en lenguas ocurre sólo a creyentes. Estamos diciendo que cuando los apóstoles hallaron que los gentiles comenzaron a hablar en lenguas después de que Pedro les predicó, ellos entendieron esto como evidencia de que ellos habían recibido el mismo bautismo en el Espíritu Santo que los 120 habían recibido el día de Pentecostés. Y si ellos recibieron este bautismo del Espíritu Santo, ellos debían ser cristianos, porque sólo los cristianos reciben esta experiencia.

SAMARIA

La Biblia nos dice que "aquel día se desató una gran persecución contra la iglesia en Jerusalén, y todos, excepto los apóstoles, se dispersaron por las regiones de Judea y Samaria" (Hechos 8:1). Felipe era uno de los primeros líderes y fue a Samaria y comenzó a predicar acerca de Cristo. Si hubiese habido cámaras de televisión o periódicos entonces, lo más probable es que hubieran reportado acontecimientos que estaban sucediendo respecto a Felipe, porque él fue grandemente usado por Dios para realizar señales milagrosas. Gente poseída por demonios estaba siendo liberada, y personas paralíticas y lisiados eran sanados de sus dolencias. Como resultado de la predicación, con señales y milagros que le seguían, mucha gente se convirtió al cristianismo y fueron bautizados en agua.

Esta formidable noticia llegó a los apóstoles en Jerusalén. Cuando escucharon que muchos en Samaria habían aceptado la palabra de Dios, Pedro y Juan fueron enviados para instruir a los nuevos creyentes y orar por ellos. La Biblia nos dice que cuando Pedro y Juan llegaron, "oraron por ellos para que recibieran el Espíritu Santo, porque el Espíritu aún no había descendido sobre ninguno de ellos" (Hechos 8:15-16). Aunque los samaritanos habían sido bautizados en agua en el nombre del Señor Jesús, ninguno había recibido el don del Espíritu con la evidencia de hablar en otras lenguas. Esto es, el Espíritu no había venido sobre ninguno de la manera que Él había venido sobre los creyentes el día de Pentecostés.[7]

Pedro y Juan estaban preocupados de que los creyentes samaritanos recibieran el mismo poder que ellos habían recibido el día de Pentecostés. Su experiencia no era un acontecimiento de una sola vez que ocurrió sólo a los 120. Pedro dijo: "La promesa es para ustedes, para sus hijos y para todos los extranjeros, es decir, para todos aquellos a quienes el Señor nuestro Dios quiera llamar" (Hechos 2:39). Pedro y Juan entonces "les impusieron las manos, ellos recibieron el Espíritu Santo" (Hechos 8:17).

¿Cómo supieron los apóstoles que ellos habían recibido el Espíritu Santo? Porque vieron que algo había sucedido. Si la experiencia fue sólo una quieta aceptación interior de la promesa, nadie lo habría visto.

Entre el grupo en Samaria estaba un hechicero recién convertido llamado Simón. Él estaba admirado por los poderosos milagros y las señales que eran parte del ministerio de Felipe. De hecho, él quiso comprar esta habilidad o aprender cómo reproducirla él mismo. "Al ver Simón que mediante la imposición de las manos de los apóstoles se daba el Espíritu Santo, les ofreció dinero y les pidió: 'Denme también a mí ese poder, para que todos a quienes les imponga las manos reciban el Espíritu Santo'" (Hechos 8:18-19). Simón vio que algo sucedió.

A veces se comenta que el hablar en lenguas no se menciona en el caso de la recepción del bautismo del Espíritu Santo por los creyentes samaritanos, por tanto, las lenguas no son siempre la evidencia de la experiencia. El teólogo Stanley Horton hace esta observación acerca del autor de Hechos: "Con frecuencia Lucas no explica todo cuando es claro en otra parte. Por ejemplo, él no menciona el bautismo en agua cada vez que habla de gente que cree o que es añadida a la iglesia, pero es claro que la falta de mención no es significativa. Otros lugares muestran que los creyentes fueron bautizados en agua. Por esta razón podemos decir que el hecho de que Lucas no menciona el hablar en lenguas aquí no es significativa."[8]

El contexto del libro de los Hechos respecto a hablar en lenguas indica que los apóstoles dieron por sentado que las personas que habían recibido esta experiencia demostraron la evidencia inicial de *glosolalia*; ellos hablaron en idiomas que no habían aprendido previamente. Si el hablar en lenguas era la evidencia inicial visible no fue siquiera puesto en duda en la Iglesia Primitiva. En realidad, se daba por sentado que las personas que habían recibido el bautismo del Espíritu también recibieron esta habilidad. No hay registros de que este punto hay sido alguna vez cuestionado. De haber sido un punto de contención, parece que el apóstol Pablo lo habría discutido en su enseñanza sobre el tema en su carta a los corintios, en la cual él da mucha instrucción sobre las lenguas. Puesto que se entendía claramente, no había necesidad de hacerlo tema de discusión. Por esta razón, no era necesario para Lucas, el compañero de Pablo y el historiador de la Iglesia Primitiva, mencionar esta manifestación específicamente cada vez que alguien o algún grupo recibieron el derramamiento del Espíritu Santo.

F. F. Bruce está de acuerdo en sus comentarios respecto a la experiencia de los samaritanos: "El contexto no deja dudas de que la recepción del Espíritu fue acompañada por manifestaciones externas como las que marcaron su descenso sobre los primeros discípulos en Pentecostés."[9]

Pedro reprendió inmediatamente a Simón por pensar que podía comprar los dones de Dios con dinero y le advirtió que se arrepintiera de su orgullo y de su opinión trivial del poder de Dios. Lo que necesitamos comprender es que cuando los samaritanos recibieron el Espíritu Santo, algo tan evidente sucedió que el antiguo hechicero quiso saber cómo podía él hacer lo mismo. Además, Pedro y Juan estuvieron satisfechos de que estos nuevos creyentes habían recibido el mismo Espíritu Santo que ellos. No tenemos duda que cuando Pedro y Juan oraron por estos nuevos cristianos, los samaritanos hablaron en nuevos idiomas como quienes estuvieron en el aposento alto el día de Pentecostés; sin embargo, para llegar a esta conclusión debemos mirar a otros grupos que recibieron esta experiencia.

EFESO

Aproximadamente veinte años después del derramamiento inicial en el día de Pentecostés, Pablo encontró un grupo de creyentes en Éfeso.

Pablo preguntó a los discípulos: "¿Recibieron ustedes el Espíritu Santo cuando creyeron? Les preguntó. —No, ni siquiera hemos oído hablar del Espíritu Santo— respondieron" (Hechos 19:1-2).

El significado de su respuesta no parece ser que ellos nunca habían escuchado de la existencia del Espíritu Santo. Un judío piadoso o un gentil interesado no habrían sido tan ignorantes. Es más posible que la frase se compara con Juan 7:39. Allí la frase "con esto se refería al Espíritu que habrían de recibir más tarde los que creyeran en él" significa que la era del Espíritu con su prometido poderoso derramamiento no había llegado todavía.[10]

De esto podemos ver que los discípulos de Éfeso realmente estaban diciendo que no habían oído que el bautismo en el Espíritu Santo estuviera disponible.[11] De hecho, varios manuscritos antiguos y varias versiones del Nuevo Testamento en realidad leen: "No hemos oído si alguno ha recibido el Espíritu Santo."[12]

Pablo bautizó a estos discípulos efesios en agua y luego les impuso las manos. Al hacer esto, ellos fueron bautizados en el Espíritu Santo. La misma evidencia dada en el día de Pentecostés les fue dada a ellos.

"Cuando Pablo les impuso las manos, el Espíritu Santo vino sobre ellos, y empezaron a hablar en lenguas y a profetizar" (Hechos 19:6)

PABLO

El apóstol Pablo no estuvo en el aposento alto cuando los 120 fueron llenos el día de Pentecostés. En ese tiempo, él era un rabino judío llamado Saulo. Él pensaba que quienes seguían a Jesús formaban parte de una secta creciente. (Vea Hechos 8:1-3; 9:1-2.) Él fue uno de los más grandes perseguidores de la iglesia hasta que tuvo una experiencia dramática con el Señor cuando viajaba a Damasco. Él se dirigía a esa ciudad porque quería arrestar a "los que pertenecieran al Camino" (Hechos 9:2). Cuando Pablo se acercaba a Damasco, una luz del cielo relampagueó a su alrededor. Él cayó al suelo con sus ojos cerrados debido al resplandor de la luz. Jesús se reveló sobrenaturalmente a Saulo, y éste en respuesta hizo a Jesucristo su Señor. Cuando Saulo se puso de pie y abrió sus ojos, estaba ciego. La ceguera le duró tres días. Aunque él no podía ver la luz del sol o la luz del candelero en una habitación, una luz mayor vino a su corazón. Él vio al Señor resucitado. Sus compañeros de viaje lo guiaron de la mano hasta la ciudad.

En Damasco había un discípulo llamado Ananías. Cuando Saulo había estado en la ciudad por tres días, Ananías tuvo una visión. El Señor le habló a Ananías. Le dijo donde se encontraba Saulo y lo instruyó a que fuera hacia él. El Señor informó a Ananías que iba a orar por Saulo y su vista iba a ser restaurada.

Saulo estaba orando aproximadamente a la misma hora. El Señor mostró a Saulo en una visión que un hombre llamado Ananías pondría sus manos sobre él y oraría por su sanidad. Las Escrituras dicen: "Ananías se fue y, cuando llegó a la casa, le impuso las manos a Saulo y le dijo: 'Hermano Saulo, el Señor Jesús, que se te apareció en el camino, me ha enviado para que recobres la vista y seas lleno del Espíritu Santo'" (Hechos 9:17).

Inmediatamente Saulo fue sanado y bautizado en agua y en el Espíritu Santo. Muchos piensan que Saulo pudo haber sido bautizado en el Espíritu Santo antes de haber sido bautizado en agua, como fue la experiencia de Cornelio. Hay semejanzas entre la manera como Dios envió a Ananías a Saulo y la manera en que envió a Pedro a Cornelio. Stanley Horton remarcó acerca de esta experiencia:

El versículo 12 no habla del mandato de Jesús de imponer manos sobre Saulo para que él pudiera ser lleno con el Espíritu Santo. Tampoco el versículo 18 dice cómo recibió Saulo el Espíritu. Una vez más, vemos que Lucas no repite todo en cada lugar. De esta manera, él realmente indica que la experiencia de Saulo de ser lleno del Espíritu Santo no fue diferente de la experimentada el día de Pentecostés. Podemos estar seguros que él habló en otras lenguas esa ocasión, como lo hicieron en Hechos 2:4.

Tito 3:5-7 confirma esto al mostrar que el Espíritu Santo fue derramado en Saulo y en Tito abundantemente. Cada uno tuvo su propio Pentecostés personal. En realidad, no hay duda de si Pablo habló en lenguas o no. Él dijo a los corintios años después que él hablaba en lenguas más que todos ellos. (Vea 1 Corintios 14:18.)[13]

¿QUÉ SUCEDE CUANDO HABLAMOS EN LENGUAS?

Mucha gente sincera se ha preguntado: "¿Por qué hablar en lenguas? ¿Qué bien me hará?"

Ellos pueden decir también: "Puedo aceptar la idea de que muchos cristianos oran en idiomas que nunca han aprendido, y que este es un don de Dios único en su género, pero a mí me gusta orar en mi propio idioma, y lo hago con frecuencia. ¿Necesito un idioma especial para orar?

Otra pregunta común es: "Si tengo este don pero no lo uso, ¿significa esto que no estoy sirviendo al Señor tan fielmente como debo?"

Todas estas son buenas preguntas, y merecen respuestas bíblicas. Es importante que entendamos que nuestro Dios Creador sabe lo que nos beneficia y lo que va a dañarnos. Dios no habría dado este don a la Iglesia Primitiva, tampoco se lo daría a usted, si existiera alguna posibilidad de que resultaría en detrimento de ellos o usted. En nuestro peregrinaje espiritual, necesitamos saber que nuestro Padre celestial sólo quiere ayudarnos y beneficiarnos en toda manera posible. El erudito bíblico Gordon D. Fee siente que las Escrituras delinean tres beneficios para quienes tienen el don de hablar en lenguas:

I. Tal persona "habla a Dios," es decir, él o ella se comunica con Dios por el Espíritu... El que habla en lenguas no se dirige a sus compañeros creyentes sino a Dios (I Corintios 14:13-14, 28), significando por tanto que Pablo entiende que el fenómeno es básicamente oración y alabanza.

2. El contenido de tales expresiones es hablar "misterios" "por el Espíritu." Es posible que "misterios" signifique algo similar a su uso en I Corintios 13:2; más probablemente lleva aquí el sentido de aquello que está fuera del entendimiento, tanto del que habla como del que oye. Después de todo, "misterios" en 13:2 se refiere a maneras de Dios que están siendo reveladas por el Espíritu a su pueblo; tales "misterios" difícilmente tendrían que ser respondidos a Dios.

3. Tal hablar mediante el Espíritu se describe además en I Corintios 14:4 como edificación para el creyente. Esto se ha considerado a veces como "edificación personal," y por tanto es visto como peyorativo. Pero Pablo no intenta tal cosa. La edificación personal no está centrada en la persona, sino la edificación personal del creyente que viene mediante la oración privada y la alabanza. Aunque uno puede preguntarse como los "misterios" que no son entendidos ni siquiera por el que habla pueden edificar, la respuesta se encuentra en I Corintios 14:14-15. Contraria a la opinión de muchos, la edificación espiritual puede ocurrir en maneras distintas a la corteza del cerebro. Pablo creía en la comunicación inmediata con Dios por medios del Espíritu que a veces pasan por alto la mente; y en los versículos 14 y 15 él arguye que para su propia

edificación él tendría las dos. Pero en la iglesia él tendría sólo lo que también pudiera comunicar a otros creyentes mediante su intelecto.[14] Elaborando en los comentarios del doctor Fee, hay cuatro beneficios adicionales que queremos señalar:

Adoración y alabanza

El don de hablar en lenguas capacitará a las personas a adorar y alabar a Dios desde lo profundo de su espíritu. En el día de Pentecostés, los que observaban comentaron: "¿No son galileos todos estos que están hablando?... ¡los oímos proclamar en nuestra propia lengua las maravillas de Dios!" (Hechos 2:7, 11). La palabra *maravillas* viene del original griego *megaleios*, "sublime, grande, hermoso, excelente, favorable". Los espectadores oyeron a los discípulos hablar en su propia lengua acerca de la majestuosa grandeza de Dios y sus obras maravillosas. Dar gracias y alabar a Dios es un hábito maravilloso que es bueno adquirir. Los cristianos que oran en su propia lengua de oración pueden saber que están exaltando al Señor y ofreciéndole alabanza sincera.

Edificación personal

Pablo nos informa que "el que habla en lenguas se edifica a sí mismo" (1 Cor. 14:4). Todos necesitamos edificación personal. La edificación que Pablo menciona aquí no es arrogancia, orgullo o egoísmo. Es una edificación pura que fortalece y promueve nuestro ser espiritual, animando la madurez y características piadosas en nuestra vida. Profundizará nuestro amor por Dios, nos dará un mayor interés por otros, y nos animará a mantener nuestro corazón y conciencia limpios delante del Señor. Las personas a menudo comentan que cuando oran en lenguas, se sienten animados y edificados en el Señor. Es muy posible que la razón de esto sea que ellos han estado confesando los motivos de su corazón y orando en la perfecta voluntad de Dios.

Dios quiere que todos en el cuerpo de Cristo tengan toda ventaja posible en su andar en Cristo. A Él le gustaría que todos pudieran tener más edificación y motivación dirigida a las cosas celestiales. Puesto que Dios no hace acepción de personas, todos nos hallamos al mismo nivel. Lo que beneficia a uno puede beneficiar a otro. Esta es una razón por la que creemos que hablar en lenguas está disponible para todos los que reciben el bautismo en el Espíritu.

Oración en el Espíritu

Primera Corintios 14:2 dice: "Porque el que habla en lenguas no habla a los demás sino a Dios. En realidad, nadie le entiende lo que dice, pues habla misterios por el Espíritu." El pastor Jack Hayford explica que:

> La afirmación de Pablo claramente establece el propósito primario para las lenguas como don del Espíritu para adoración privada. Es un don único en su género dirigido hacia Dios y no dirigido hacia el hombre... Por tanto, ellos pueden tomar una forma de expresión estrictamente espiritual, puesto que el hombre no es su objetivo. El asiento de su operación no es la mente, sino el espíritu (1 Corintios 14:14-15). Ellas son capacitaciones del Espíritu para comunicación no conceptual directamente con Dios, quien es Espíritu (Juan 4:24). Esta es la razón de su vasta importancia y de su constante uso por parte de Pablo. (Vea 1 Corintios 14:18.) Misterios, como en cualquier otro lugar del Nuevo Testamento, se refiere a los secretos que han sido revelados.[15]

A menudo no podemos pensar en que palabras decir o no podemos comunicar a Dios completamente como nos sentimos realmente acerca de algo. Hace poco escuché de una persona que tuvo esta clase de experiencia.

Hace más de diez años oficié una boda en Bitburg, entonces Alemania Occidental. "Bob", el joven novio, quien había sido parte de una iglesia que yo pastoreaba, estaba estacionado en Alemania con la Fuerza Aérea de los Estados Unidos de América. Él había sido un líder destacado en nuestro grupo de jóvenes, y continuaba siendo fiel al Señor durante su servicio militar. Bob conoció a una maravillosa mujer cristiana que estaba estacionada en Bitburg. Después de un tiempo de noviazgo, decidieron casarse. Bob supo que yo iba a predicar en Alemania, así que él y "Brenda" me contactaron y me pidieron celebrar la ceremonia de boda. Fue un honor para mí ser parte de su celebración.

No mucho después de que yo regresara a mi país, Bob y Brenda, como muchas parejas, descubrieron que tenían tremendas diferencias, y los dos se aferraban obstinadamente a sus opiniones y maneras de vivir. Al paso de los años la fricción desembocó en una terrible división en sus corazones el uno contra el otro. Las discusiones se convirtieron en gritos, y decir cosas que después lamentaban. Aun cuando Dios les dio dos hermosos niños, se preguntaban si podrían seguir casados. Por este tiempo Bob me informó que su matrimonio estaba en desorden. Varias veces hablamos y oramos juntos acerca de la situación desesperada de ellos. Yo estaba muy triste y sentía que sin la ayuda de Dios este matrimonio iba en camino a convertirse en otra estadística de divorcio. No había oído de Bob por unos días hasta hace poco cuando él me llamó.

En nuestra conversación noté que Bob estaba emocionado acerca de cómo se había involucrado en su comunidad e iglesia. Él estaba feliz, motivado y parecía fuerte en el Señor — como el "antiguo Bob" que había conocido cuando él era parte del grupo de jóvenes de nuestra iglesia. Dentro de mí, me preguntaba, *¿Y qué de Brenda y los niños? ¿Dónde están? ¿Cuándo terminó el matrimonio?*

Bob agregó entonces: "A propósito, mi matrimonio nunca ha estado mejor. Brenda y yo nunca nos hemos llevado tan bien, y nuestros niños la están pasando estupendamente también."

Yo estaba emocionado y rápidamente respondí: "Dime qué sucedió."

"Mi relación con Brenda es increíble en todo aspecto. Nos comunicamos mejor, nuestro amor el uno por el otro es mayor, y nos disfrutamos mutuamente más de lo que podíamos imaginar," respondió Bob.

"Bob, no puedo sentirme más feliz por ustedes. Me pregunto qué ha pasado en tu vida y en tu matrimonio," dije. "Muchas veces he pensado en ti y he orado por ustedes. Dime, ¿hubo algo que tú puedas señalar como lo que comenzó a cambiar sus corazones y pensamientos del uno hacia el otro?"

Bob respondió: "Pastor, tal vez piense que esto es extraño, pero yo estaba tan desesperado y nuestro matrimonio parecía no tener esperanza, que no podía orar en mi idioma al respecto nunca más. Comencé a clamar a Dios en lenguas. Todos los días oraba en ese idioma hasta que sentí menos carga. También comencé a sentir diferente hacia Brenda. Tuve compasión por ella y los niños y quería ser un mejor esposo y padre. Mi actitud y apariencia cambió. Entonces mis palabras y conducta hacia ella cambiaron también. Estoy profundamente enamorado de mi esposa otra vez, y nuestra familia está muy bien."

No hay duda en mi mente de que Bob se sintió tan deshecho que desesperadamente clamó a Dios con su espíritu en otra lengua. Solo Dios conoce las confesiones y oraciones espirituales que Bob oró durante esos meses. Dios no quiere que ninguna matrimonio tenga esa clase de dificultad. Creo que Bob oró durante esos meses. Dios no quería que el matrimonio de Bob y Brenda terminara, tampoco quiere que ningún matrimonio tenga esa clase de dificultad. Creo que Bob estaba orando por la sanidad de su matrimonio, un cambio de actitud y por las situaciones singulares en su propia vida que solo Dios conocía. Su espíritu oró en maneras que su mente nunca pudo haber orado.

Algunos han mal entendido y han pensado que las personas necesitan entrar en una clase de estado meditativo semiinconsciente, similar a una postura yoga, antes de poder hablar en lenguas. Este simplemente no es el caso. Así como una persona bilingüe puede comenzar a hablar en otro idioma "a voluntad," así las personas que tienen el don de hablar en lenguas pueden usar este don, o decidir no usarlo, cuando ellos quieran. Como Oswald Chambers dijo una vez: "El Espíritu Santo no borra la personalidad del hombre; Él la levanta a su más elevado uso."

A través de los años se nos ha preguntado: "¿Qué acerca de Billy Graham o alguien más que ha sido usado grandemente por Dios? ¿Alguna vez él ha tenido esta experiencia?" Aunque no desarrollamos nuestra teología a partir de las experiencias de las personas, sino solo de las Escrituras, a veces es útil conocer las experiencias de personas piadosas. Específicamente, no podemos responder con exactitud la pregunta acerca de Billy Graham porque no sabemos. De tiempo en tiempo, él ha escrito o hablado acerca de una profunda experiencia con el Señor; sin embargo, él ha preferido no dar muchos detalles acerca de estos tiempos. Él siempre ha sido cuidadoso para comunicar y definir su posición de manera que pudiera ofender a algún segmento del cuerpo de Cristo. Tenemos un respeto enorme por el doctor Billy Graham y sentimos que ha hecho mucho más por el reino que muchos que profesan haber recibido el bautismo del Espíritu Santo.[16] No hay duda que Dios ha dotado a este hombre de manera única y poderosa. No es cuestión de comparación de que una vez que ha tenido la experiencia usted está en un nivel más elevado o más cerca del Señor – es cuestión del material crudo con el que se trabaja. Dios llena a cualquiera que Él escoge y les da a esas personas mayor poder que cualquiera de ellos podría tener naturalmente.

John Sherrill comparte parte de una carta que recibió de un psiquiatra respecto al poder del don de hablar en lenguas:

> Cada mañana, antes de que las citas del día comiencen, mi esposa y yo tenemos un momento de oración juntos. Oramos por nuestras propias necesidades y luego por cada paciente que voy a ver ese día… Mencionamos primero nuestro propio entendimiento de su problema, usando las notas que he hecho durante sus sesiones, y lo que se de medicina y psiquiatría. Pero entonces, al darme cuenta que hay mucho de las enfermedades mentales que todavía desafían el entendimiento, incluimos una oración a favor de él en lenguas. Con frecuencia quedo asombrado del poder sanador que está presente en las sesiones que siguen a estas oraciones.[17]

Sentido de seguridad

Cuando experimentamos el hablar en lenguas, tenemos un sentido de seguridad de que hemos recibido el bautismo en el Espíritu Santo del que Jesús y Juan el Bautista hablaron. En tiempos de duda, podemos recordarnos a nosotros mismos que Dios da este don sólo a quienes han sido bautizados en el Espíritu. Como las "piedras" sirvieron como un recordatorio a los hijos de Israel de que ellos finalmente cruzaron el Jordán hacia la tierra de Canaán (Jos 4:1-7), así esta experiencia con el don de hablar en otras lenguas puede recordarnos lo que Dios hizo por nosotros cuando recibimos el bautismo prometido.

LA PROMESSA ES PARA USTED

Cuando Pedro finalizaba su poderoso mensaje el día de Pentecostés, dijo: "La promesa es para ustedes, para sus hijos y para todos los extranjeros, es decir, para todos aquellos a quienes el Señor nuestro Dios quiera llamar" (Hch. 2:39).

¿Cuál es la "promesa"? Es el don del Espíritu Santo. Es para usted, su familia, y todo aquel que es parte del cuerpo de Cristo. La experiencia de la Iglesia Primitiva puede ser la misma para usted y para mí.

¿Por qué es una lengua que nunca hemos aprendido? El finado pastor episcopal Dennis J. Bennett dijo:

Hablar en lenguas capacita a una persona a hablar o a orar a Dios sin la interferencia de una fuente humana, incluyendo ella misma; sin la mente, las emociones, o la voluntad entrometiéndose en el cuadro. La habitación del Espíritu dice en efecto: "Yo se lo que necesitas expresar a Dios el Padre. Confía en que yo te guío mientras tú hablas." De ese modo la confesión puede ser de pecados que la mente ni siquiera sabe y no reconocería, o los suavizaría o expresaría en otra forma si los conociera.

Del lado positivo, el amor por Dios puede expresarse con una plenitud y libertad de otra manera imposible para la persona a causa de las inhibiciones y el temor de expresarse. Se puede interceder por otros, expresando sus necesidades más profundas, sin que el intercesor sepa cuales son estas necesidades.

"No sabemos qué pedir," dice Pablo, "pero el Espíritu mismo intercede por nosotros…" La versión inglesa The Basic English New Testament [El Nuevo Testamento en Inglés Simplificado] de esta cita es: "El Espíritu pone nuestro deseo en palabras que no están en nuestro poder decir…"

La paráfrasis La Biblia al Día lo vierte así: "El Espíritu Santo ora por nosotros con tal sentimiento que no puede expresarse en palabras, y el Padre, quien conoce todo nuestro corazón, conoce por supuesto lo que el Espíritu está diciendo al clamar." Seguramente todo esto describe el hablar en lenguas.[18]

Capítulo 4

El Desbordamiento:
Ser lleno con el Espíritu Santo

*L*A RISA DE los niños fue silenciada abruptamente cuando la furgoneta en la que viajaban impactó un trailer y ellos instantáneamente pasaron de esta vida a la siguiente. Había llovido la mayor parte del día, y ahora estaba oscuro en la carretera a Teherán, Irán. De la nada un trailer de granja cargado había aparecido en la carretea, y la furgoneta se había impactado en la parte trasera de él.

Las dos familias en la furgoneta habían estado viajando por cuatro horas y habían decidido visitar una pareja norteamericana llena del Espíritu. La conversación esa tarde había estado llena de preocupación por la condición espiritual de las personas en esa área de Irán. Lloraron mientras oraban juntos para que Dios tocara ese necesitado país. Al salir, las familias no tenían idea que la tragedia pronto los visitaría a ellos.

Los cuatro adultos que viajaban en el auto no recuerdan los acontecimientos previos al impacto. Los pasajeros eran los misioneros Mark y Gladis Bliss y sus tres hijos, Karen de trece años, Gail de once y Mark de tres. Con ellos viajaban el pastor iraní Haik Hovsepian, su esposa y su bebé de tres meses de edad. Los cuatro niños murieron. Poco después de la tragedia, un médico norteamericano de apellido

Briggs vino al lugar del accidente y fue útil para salvar las vidas de los cuatro adultos heridos. Gladis estaba inconsciente con una fractura en el cráneo, una cadera destrozada, una clavícula y una mandíbula quebrada. Mark tenía tres costillas rotas y numerosas cortadas en el rostro y en la frente. El pastor Haik y su esposa tenían sus piernas quebradas.

Sólo unos días antes, cuando la jovencita Karen había salido al servicio de capilla de su escuela, su maestra le preguntó: "¿Por qué vienes tan temprano?" Karen dijo: "Tengo un deseo en mi corazón de ser lo más que pueda como Jesús, y quiero estar sola y orar."

Gail era vivaz y feliz, amaba a la gente y a la vida.

Un amigo recuerda que Mark cantaba: "¡Alabado sea el Señor, aleluya!" y "Cristo me ama."

La noticia del accidente rápidamente viajó a otras partes del mundo, y la organización misionera inmediatamente acudió a dar apoyo a los Bliss. Un misionero llamó al hospital general de Teherán desde fuera del país. Cuando preguntó por los niños Mark replicó: "Ellos están con el Señor. Creo que los vamos a sepultar aquí. Tengo gran consuelo y paz de parte del Señor. Confío que mi esposa recibirá lo mismo." Después de la cirugía, Gladis recuperó el conocimiento. Se le informó acerca de sus niños y que el jefe de la agencia misionera estaba muy preocupado y había estado llamando. Con tranquila determinación dijo: "Díganle que vamos a triunfar."

Más tarde, en el servicio fúnebre, Mark dijo:

> Si hubiera sido sólo un hijo, habría sido difícil. La gracia de Dios nos hubiera alcanzado. Pero Dios en su plan ha tomado los tres. Todavía puedo testificarles que la gracia de Dios es suficiente. Dios está dando a mi esposa la misma gracia que Él me ha dado. Quiero testificar de su fidelidad. Nunca antes me había sentido tan cerca del corazón de Dios. En esta hora, siento su presencia tan real que quiero animarlos a ustedes, mis amigos, que han sido tan amables de estar a nuestro lado. Dios bendiga a

cada uno de ustedes. Dios ha bendecido a estos tres con la más grande bendición, porque ellos están ausentes del cuerpo y ahora están presentes con el Señor.[1]

Mark y Gladis decidieron permanecer en Irán. La mayoría ciertamente habría entendido y aun esperado que ellos regresaran a su país y comenzar de nuevo. El dolor que viene con esta clase de tragedia desafía la imaginación, y es común que un divorcio le siga. Ellos no salieron. Ellos no se volvieron amargados o resentidos contra el país o las personas de Irán debido a las terribles condiciones de las carreteras y el conductor descuidado, y ni por un instante consideraron terminar su matrimonio. En realidad, sucedió lo contrario. Ellos permanecieron en Irán otros veinticinco años, un tiempo cuando la persecución se volvió más intensa y la vida llegó a ser muy difícil aun para la persona más fuerte. Ellos se involucraron en testificar a una innumerable cantidad de personas, y dependieron el uno del otro cada vez más.

Si le preguntara a Mark y a Gladis hoy, "¿Por qué se quedaron?" o "¿Cómo manejaron un dolor tan grande?", sin ninguna duda ellos le contestarían que el amor de Dios los motivó y el Espíritu Santo los fortaleció y los ayudó a entender que, a pesar de la pérdida de sus preciosos hijos, la profunda necesidad espiritual de las personas de Irán era —y es— más grande. El Espíritu Santo les ayudó a ver a las personas de Irán a través de los ojos de Jesús. Después de todo, ¿no dicen las Escrituras que el Espíritu Santo "tomará de lo mío y se lo dará a conocer a ustedes"? (Juan 16:15). Jesús murió por las personas de Irán, y Mark y Gladis Bliss fueron dos de sus embajadores representándolo en ese país. A pesar de su inconcebible pena personal, Mark y Gladis fueron capaces de amar a las personas de Irán y encontrar una fortaleza inigualable que podría solo venir del Espíritu Santo.

No hay duda de que cuando las personas son llenas del Espíritu Santo ellas actúan, piensan y tratan a los demás de manera diferente a como lo hacen otros. Quienes piensan que pueden tratar mal a las personas o salir impunes actuando constantemente de manera ruda o arrogante necesitan entender que su conducta contrista al Espíritu Santo. Dios es amor, y debemos tratar a las personas como Él lo hace. Dios nos dio los dones del Espíritu Santo, y es necesario que le permitamos usar los dones en nuestra vida mientras nos dedicamos a alcanzar este mundo perdido y moribundo. Más aun que ser usado en los dones, necesitamos demostrar una vida semejante a la de Cristo a quienes nos rodean. El amor es más importante que cualquier don, pero para amar a las personas de la manera que Dios quiere que lo hagamos, necesitamos la ayuda del Espíritu Santo. Joseph Fletcher dijo: "El amor no es la obra del Espíritu Santo; es el Espíritu Santo –obrando en nosotros. Dios es amor. Él no meramente lo tiene o lo da; Él se da a sí mismo –a todas las personas, de todas clases y condiciones."[2]

DIOS ES AMOR

Después de que Pablo instruyera a los creyentes de Corinto acerca de los dones del Espíritu Santo (I Cor. 12) y antes de que les dijera cómo debían ser usados estos dones en nuestra vida privada y en la iglesia (I Cor. 14), él les escribió acerca del amor en el capítulo 13. La iglesia de Corinto era conocida por sus dones carismáticos. Ellos tenían predicadores talentosos que venían a su ciudad y veían formidables milagros, pero tenían un orgullo espiritual acerca de sus habilidades y una arrogancia acerca de su iglesia que irritaba grandemente a Pablo. Él dijo básicamente que no le interesaba cuánta habilidad o cuántos dones "carismáticos" tenían, si no actuaban como Cristo y demostraban amor, ellos no tenían nada. Pablo escribió:

Si hablo en lenguas humanas y angelicales, pero no tengo amor, no soy más que un metal que resuena o un platillo que hace ruido. Si tengo el don de profecía y entiendo todos los misterios y poseo todo conocimiento, y si tengo una fe que logra trasladar montañas, pero me falta el amor, no soy nada. Si reparto entre los pobres todo lo que poseo, y si entrego mi cuerpo para que lo consuman las llamas, pero no tengo amor, nada gano con eso.

I Corintios 13:1-3

El mundo puede ser impresionado por nuestros dones, y esos dones pueden llamar la atención hacia nosotros o a cierta iglesia o cruzada, pero debemos entender que lo que va a ganar a no cristianos más que cualquier otra cosa es si ellos ven el amor de Dios a través de nuestra vida y nuestras palabras. Como D. L. Moody dijo: "Las iglesias se llenarían pronto si los extraños pudieran encontrar personas que los amaran cuando ellos llegan. ¡Este amor atrae pecadores! Debemos ganarlos para nosotros primero, y luego podemos ganarlos para Cristo."[3] Cuando los cristianos son llenos del Espíritu Santo, ellos están llenos del amor de Dios por las personas, y el Espíritu Santo les ayuda a vivir una vida que atraerá a otros a Cristo. Henry Drummond dijo: "El verdadero amor es el idioma universal – entendido por todos. Usted puede tener todos los logros o dar su cuerpo para ser quemado; pero, si falta el amor, todo esto le traerá ganancia a usted y nada a la causa de Cristo."[4]

Recientemente viajé con un amigo que se mantuvo hablando acerca de desarrollar un programa para ayudar con las desesperantes necesidades de las zonas centrales de las ciudades en los Estados Unidos de América. Los grupos de personas que él quería ayudar estaban siendo ignorados por muchos. La conversación seguía sin cesar. Él hablaba acerca de la historia de algunos de los problemas que las personas en las zonas centrales de las ciudades enfrentaban y acerca de las estrategias que él podría desarrollar. Él se mantuvo trayendo nuevas ideas e intercambiando opiniones conmigo acerca de lo que podría hacer si tuviera el respaldo financiero para lograrlo.

Yo también sentía esta preocupación, pero al mirar a sus ojos y sentir la resolución de su corazón, no pude sino notar que este tema lo consumía.

Le pregunté: "¿Por qué ocupa esto tu mente tanto? Algunas de las cosas que estás pensando tomarán años para desarrollarse y las finanzas para hacerlo serán enormes. Yo te ayudaré en lo que pueda, pero esto también requerirá el apoyo financiero de muchos otros."

Él dijo: "No puedo sacar a estas personas de mi mente. Cuando duermo los sueño. Cuando estoy despierto veo sus rostros. Cuando estoy con ellos lloro con ellos. Su dureza hacia la vida sólo me hace amarlos más."

El amor de Dios llena la vida de este hombre con estas personas —pensé. No podemos entender el amor y la compasión de Dios por la humanidad. Personas como Mark y Gladis Bliss y mi amigo son guiados por el Espíritu Santo y se les darán dones únicos para alcanzar al grupo de personas por los que ellos se preocupan. Su compasión comenzó primero en el corazón de Dios.

Cuando David Wilkerson, fundador de Teen Challenge, fue a la ciudad de Nueva York hace más de cuarenta años, lo hizo en respuesta a una historia de la revista *Life* que había leído acerca de siete adolescentes miembros de una pandilla que habían asesinado a un muchacho de quince años afectado por la polio llamado Michael Farmer. Cuando David vio las fotografías de uno de los jóvenes criminales, sus ojos capturaron una mirada llena de desesperación y odio. Él comenzó a llorar y a decirse: "¿Qué pasa conmigo?" Un pensamiento vino rápidamente a su mente que parecía venir de otra parte. "Ve a Nueva York y ayuda a estos muchachos."[5]

Él dejó las montañas de Philipsburg, Pennsylvania, donde era ministro en una pequeña comunidad, y decidió que trataría de ayudar a los chicos de Nueva York. David y su esposa, Gwen, oraron para que Dios realizara milagros a favor de ellos de manera que pudieran alcanzar a los miembros de las pandillas que vieron en la fotografía de la revista *Life* y a otros como ellos.

Un día David conoció una pandilla llamada los Mau Mau. En su libro *La cruz y el puñal*, él escribe:

> Israel, el presidente de la pandilla, era un muchacho tan agradable como cualquier otro que yo hubiera conocido; él extendió su mano y me saludó como un caballero.
>
> Nicky era otra cosa. Recuerdo haber pensado, al mirarlo, que ese era el rostro más duro que yo había visto jamás.
>
> "¿Cómo estás Nicky?" dije.
>
> Él me dejó con la mano extendida. Ni siquiera volteó a verme. Él estaba fumando un cigarrillo, echando nerviosamente pequeñas bocanadas de humo por un lado de su boca.

"Vete al infierno, predicador," dijo. Él tenía una manera extraña de hablar y tartamudeaba mucho en algunos de sus sonidos.

"Tú no tienes un buen concepto de mí, Nicky," le dijo, "Pero yo siento diferente respecto a ti, te amo, Nicky." Di un paso hacia él.

"Si te acercas, predicador," dijo él, con voz tortuosa, "te voy a matar."

"Tú puedes hacer eso," consentí. "Tú puedes cortarme en mil pedazos y arrojarlos a la calle y cada pedazo te amaría."[6]

David no se dio cuenta, pero esa declaración impactó a Nicky en la médula de su ser. Nadie lo había amado de esa manera o ni siquiera le habían dicho "te amo". Nicky era un endurecido líder de pandilla y un delincuente. Él podía robar, mentir, hacer trampa e incluso matar si era necesario. Pero este pequeño predicador de las montañas de Pennsylvania lo había conmovido. En realidad, el Espíritu Santo ayudó a David a sentir lo que sentía para que pudiera decir lo que dijo. Poco después de esta reunión Nicky entregó su vida a Cristo. Él fue bautizado en el Espíritu Santo, y a través de los siguientes años llegó a ser un poderoso evangelista que ayuda a los chicos en la misma condición que él estuvo una vez. ¿Qué ganó a Nicky? Fue el amor de Dios.

HAGA DEL AMOR DE DIOS SU META

Al describir cómo debemos amar, Pablo dice: "El amor es paciente, es bondadoso. El amor no es envidioso ni jactancioso ni orgulloso. No se comporta con rudeza, no es egoísta, no se enoja fácilmente, no guarda rencor. El amor no se deleita en la maldad sino que se regocija con la verdad. Todo lo disculpa, todo lo cree, todo lo espera, todo lo soporta" (1 Cor. 13:4-7).

La Biblia nos dice que "Dios es amor" (1 Juan 4:8), y el Espíritu de Dios desea que vivamos una vida de amor. Me gusta pensar en la definición bíblica de amor y hacer de ella una meta para aplicarla en mi vida de esta manera:

• El Espíritu Santo es paciente, y Él me ayudará a ser paciente con las personas en diversas circunstancias.

• El Espíritu Santo es bondadoso, y me ayudará a ser bondadoso todo el tiempo sin importar cómo he sido tratado por alguien o lo que las personas dicen acerca de mí.

• El Espíritu Santo no es envidioso, y Él me ayudará a no envidiar a aquellos que han adquirido mucho materialmente y han logrado mucho en su vida o carrera.

• El Espíritu Santo no es jactancioso, y Él me ayudará a no jactarme en mis éxitos o ganancia sino a reconocer humildemente que "todas las cosas buenas" proceden de mi Padre celestial.

• El Espíritu Santo no es orgulloso, y Él me ayudará a no ser orgulloso con los dones que Dios me ha dado o los logros que Él me permite alcanzar en mi vida.

• El Espíritu Santo no es rudo, y Él me ayudará a no ser rudo con aquellos con los que me asocio en mi familia y en mi trabajo, o con personas de cualquier raza, color, cultura, edad o clase socio-económica. Él me ayuda a entender que todas las personas son creadas a la imagen de Dios y están en el mismo nivel.

• El Espíritu Santo no es egoísta, y Él me ayudará a no ser egoísta sino a buscar con pasión la voluntad de Dios y servir a otros.

• El Espíritu Santo no se enoja con facilidad, y Él me ayudará a no enojarme con facilidad cuando la gente me hable con ira o me trate injustamente o sin respeto.

• El Espíritu Santo no guarda rencor, y Él me ayudará a no guardar rencor cuando otros me ofendan, pecan contra mí, hablan de mí, o tratan de dañar mi reputación.

• El Espíritu Santo no se deleita en la maldad, y Él me ayudará a no alegrarme cuando sucedan cosas malas a otras personas sin importar cuánto me hayan dañado estas personas.

- El Espíritu Santo se regocija en la verdad, y Él me ayudará a ser sinceramente feliz con los logros, éxitos y reconocimientos que otros reciben cuando hacen cosas buenas.

- El Espíritu Santo todo lo cree, y Él me ayudará a confiar y creer lo mejor acerca de las personas que me rodean.

- El Espíritu Santo siempre espera, y Él me ayudará a esperar y orar por lo mejor de Dios en las vidas de los demás y no desanimarme de ellos cuando parezca que todos los demás lo han hecho.

- El Espíritu Santo todo lo soporta, y Él me ayudará a ser paciente con otros sabiendo que nadie es perfecto y todos deben ocuparse de su salvación con temor y temblor.

Las personas que han sido bautizadas en el Espíritu Santo quieren actuar como el Espíritu Santo. Ellas han estado tan inmersas en el Espíritu Santo que Él es parte de cada movimiento de ellos y está envuelto en cada relación que ellos tienen. Ellos son sensibles a las cosas que el Espíritu Santo es sensible, y se interesan en las cosas que al Espíritu Santo le interesan. Nuestra vida demuestra si estamos llenos del Espíritu Santo o no.

No hay duda que D. L. Moody fue uno de los evangelistas de mayor éxito en la historia. Junto con sus exitosas campañas, él desarrolló una profunda hambre de Dios y de su poder. Él desarrolló una creciente conciencia de su propia insuficiencia para hacer la obra que Dios le había llamado a hacer y sabía que necesitaba más de Dios para realizar todo lo que estaba en su corazón. Esta conciencia fue elevada un día cuando habló con dos mujeres que se sentaban en la banca de enfrente en su iglesia en Chicago.

A menudo al finalizar el servicio, ellas le dirían a él:

"Hemos estado orando por usted."

"¿Por qué no oran por las demás personas?" preguntaría Moody.

"Porque usted necesita el poder del Espíritu," fue la respuesta.

"¡Yo necesito el poder! ¿Por qué?" Dijo él al relatar el incidente tiempo después, "Pensé que tenía poder. Tenía la congregación más grande en Chicago, y había muchas conversiones. En un sentido estaba satisfecho. Pero al estar cerca de estas dos piadosas mujeres que se mantenían orando por mí, y su vehemente hablar acerca de unción para servicio especial me puso a pensar. Les pedí que vinieran a hablar conmigo, y ellas derramaron su corazón en oración para que yo recibiera la llenura del Espíritu Santo. Un gran anhelo vino a mi alma. Yo no sabía qué era. Empecé a clamar, como nunca antes lo había hecho. Realmente sentí que no deseaba vivir si no podía tener este poder para el servicio."

"Mientras el señor Moody estaba en esta condición mental y espiritual," dice su hijo, "Chicago fue reducida a cenizas. El gran incendio consumió el Farwell Hall y la iglesia de la calle Illinois. Un domingo por la noche después de la reunión, mientras el señor Moody se dirigía a su casa, vio el fulgor de las llamas, y supo que eso significa ruina en Chicago. Cerca de la una, el Farwell Hall se quemó; y pronto su iglesia fue destruida. Todo estaba disperso."

El señor Moody viajó al este a la ciudad de Nueva York a recaudar fondos para los que sufrían a causa del incendio en Chicago, pero su corazón y su alma clamaban por el poder de lo alto. "Mi corazón no estaba en el trabajo de pedir," dice. "No podía apelar. Estaba clamando todo el tiempo que Dios me llenara con su Espíritu. Bueno, un día, en la ciudad de Nueva York —oh, ¡qué día! —No lo puedo describir. Rara vez me refiero a él; es casi una experiencia sagrada para nombrarla. Pablo tuvo una experiencia de la cual nunca habló por catorce años. Solo puedo decir que Dios se reveló a mí, y que tuvo tal experiencia de su amor que tuve que pedirle que detuviera su mano. Volví a predicar de nuevo. Los sermones no eran diferentes; no presenté ninguna verdad nueva; sin embargo cientos se convirtieron. No me gustaría ser puesto de nuevo en donde estaba antes de esa bendita experiencia aunque me diera todo el mundo –sería como el pequeño polvo de la balanza."[7] Moody escribió: "Nunca había sabido hasta ese tiempo que Dios nos amaba tanto. Mi corazón comenzó a derretirse; no podía detener las lágrimas. Sólo me las bebía... Le digo que hay algo que hala sobre todo lo demás en el mundo y eso es amor."[8]

D. L. Moody y muchos otros han creído que cuando las personas ven el amor de Dios demostrado en lo que decimos y hacemos, ellos serán atraídos a lo que tenemos. En las notas personales de su Biblia, Moody escribió:

> Los frutos del Espíritu en términos de amor:
> Alegría es amor jubiloso.
> Paz es amor reposado.
> Paciencia es amor infatigable.
> Amabilidad es amor sufrido.
> Bondad es amor en acción.
> Fidelidad es amor en campo de batalla.
> Humildad es amor bajo disciplina.
> Dominio propio es amor en adiestramiento.[9]

EL FRUTO DEL ESPÍRITU SANTO

Carlos Spurgeon oró: "Señor... haz que mi gracia interior sea tan vigorosa que mi vida exterior pueda ser fructífera para tu alabanza."[10]

El árbol upa, que crece en Indonesia, segrega veneno y crece tan grueso que mata toda forma de vegetación alrededor de él. La misma existencia del árbol upas resulta sombra, envenenamiento y destrucción de lo que le rodea.

Lamentablemente, hay personas que poseen las mismas cualidades y forma de vida. Ellas dominan, critican, y abruman a otros mientras quieren que se les dé atención, reconocimiento y homenaje. Estas personas no tienen interés de compartirse ellos mismos. Ellos simplemente no han aprendido a amar o a ser amados.

Hace algunos años apareció una historia en *The Gospel Banner* [El Estandarte del Evangelio] que proporciona un claro ejemplo de una "persona upas":

> Una joven mujer vestida a la moda, que hacía un recorrido por un barrio pobre de la ciudad de Nueva York, se estremeció al ver a un desarreglado zarrapastrón que jugaba en la suciedad de un canal. "¡Solo vea a ese niño!" exclamó ella. "¿Por qué no hay alguien que lo limpie? ¿Dónde está su madre?"
>
> "Bien, señorita, el asunto es así," le explicó el guía de turistas. "La mamá del niño ama a su hijo, pero ella no aborrece la suciedad. Usted aborrece la suciedad, pero no ama al niño. Hasta que el amor por el niño y el odio por la suciedad entren al mismo corazón, el pobre niño permanecerá como está."[11]

Las personas que han recibido "la bendición" vivirán vidas llenas del fruto del Espíritu y verán a los demás a través de los ojos del Espíritu. A diario se comprometerán a ser siervos de Dios y siervos del cuerpo de Cristo —nunca demandando, nunca requiriendo, sino siempre deseosos de dar de sí mismos como un conducto del Espíritu Santo.

A veces escucho de un cristiano que por lo general trata a las personas de manera áspera, sacando ventaja de ellas, o comportándose de maneras no éticas —o claramente viviendo de una manera contraria a la Biblia, como hacer trampa, robar o cometer adulterio. No hay duda de que Dios puede ayudar a tales personas y perdonarlas por lo que han hecho; sin embargo, no hay manera que ellas puedan estar llenas del Espíritu de Dios. No importa si han sido pentecostales o carismáticos por años, o son un predicador o alguien que ha sido usado grandemente por Dios, ya no están llenas del Espíritu de Dios si usualmente se comportan de estas maneras.

El estilo de vida bíblico que desplegamos cuando estamos llenos del Espíritu Santo es el "fruto" del Espíritu. Si una persona afirma tener numerosos dones carismáticos, tales dones deben ir acompañados por el fruto del Espíritu de Dios. El dador de los dones es también el que nos capacita para producir su fruto en la manera que vivimos. Si un cristiano no demuestra una vida más efectiva y plena que las vidas de los no cristianos, entonces los no creyentes no verán al cristianismo como algo diferente de otra religión. Las personas deben ver al Espíritu Santo obrando en nuestra vida y ver que tenemos una relación viva y dinámica con Jesucristo.

George Barna y su grupo de investigación notaron algunas estadísticas interesantes y alarmantes. Él dijo que lo que hace el nivel de ignorancia bíblica especialmente desalentador es que con frecuencia hay poca o ninguna distinción entre la proporción de cristianos y no cristianos que conocen lo que la Biblia enseña. Considere estas comparaciones entre los segmentos de personas nacidas de nuevo y personas no creyentes:

> Ochenta y un por ciento de no cristianos creen que la noción de que Dios ayuda a aquellos que se ayudan a sí mismos se enseña en la Biblia (comparado con 80 por ciento de cristianos nacidos de nuevo).

> Cuarenta y cinco por ciento dijo que Jesús no volvió a vivir físicamente, pero era un gran maestro (comparado con 30 por ciento de los creyentes).

> Treinta y siete por ciento notó que hay algunos pecados que ni siquiera Dios puede perdonar (comparado con 29 por ciento de los cristianos).

> Sesenta y ocho por ciento de los adultos no cristianos encuestados dijo que Satanás es meramente un símbolo del mal (comparado con 49 por ciento de los cristianos).

Las declaraciones que describían lo distintivo de Jesucristo y la fe cristiana generaron las opiniones más distintas entre cristianos y no cristianos. Los no creyentes estuvieron menos dispuestos a relacionar a Cristo o a la fe cristiana con la perfección espiritual. Por ejemplo, los no creyentes fueron casi el doble que los creyentes en sostener que

Jesús cometió pecados (51 por ciento comparado con 29 por ciento, respectivamente), y fueron solo la mitad en mantener que la Biblia es totalmente exacta en todas sus enseñanzas (43 por ciento comparado con 82 por ciento, respectivamente).[12]

En otro informe Barna reportó que:

> Veintisiete por ciento de cristianos nacidos de nuevo se han divorciado; 23 por ciento de no cristianos se han divorciado.
>
> Veintitrés por ciento de todos los cristianos nacidos de nuevo han comprado un boleto de lotería en una semana típica.
>
> Veinticuatro por ciento de la población nacida de nuevo cree que mentir a veces es necesario.
>
> Sesenta y un por ciento de la población no cristiana dice que el Espíritu Santo no es real, sino solo un símbolo de la presencia y el poder de Dios; 55 por ciento de creyentes nacidos de nuevo sostiene esta opinión.[13]

El punto alarmante que la información de Barna destaca es que las estadísticas muestran relativamente poca diferencia en las creencias y estilos de vida de los cristianos norteamericanos y las personas no religiosas. Nuestra fe cristiana debe fusionarse con nuestro estilo de vida fuera de las paredes de la iglesia. Solo cuando no creyentes ven que nuestras creencias afectan nuestro andar personal ellos tomarán nota.

En su libro *Keeping Your Ethical Edge Sharp* [Mantenga su filo ético aguzado], Doug Sherman y William Hendricks citan una encuesta Gallup que muestra que el 37 por ciento de personas que asisten a la iglesia admiten robar suministros del trabajo, comparado con 43 por ciento de quienes no asisten a la iglesia. El 13 por ciento de los que van a la iglesia usan el teléfono de la compañía para llamadas personales de larga distancia, comparado con el 17 por ciento de aquellos que no asisten.[14]

Es trágico que las estadísticas de Barna y las encuestas Gallup nos indican que en muchos asuntos de creencia y en conducta hay poca diferencia entre las opiniones éticas y prácticas de personas religiosas y no religiosas. Sherman y Hendricks dicen:

La conducta ética de los cristianos varía sólo ligeramente de la de no cristianos. Los cristianos están tan propensos como los no creyentes a hacer trampa en su forma de declaración de impuestos, copias de otros estudiantes o exámenes, pagar dinero por debajo de la mesa a contratistas de edificios, no tomar en cuenta especificaciones legales durante la construcción, copiar un programa de computadora sin pagar por él, realizar llamadas no reportadas en el teléfono de la compañía, representar mal un producto para hacer una venta, y obedecer solo las leyes que son convenientes para ellos.[15]

Y el ejecutivo en misiones Ted Engstrom comenta: "La lucha de las personas contra la indiscreción moral es tan antigua como Caín y tan nueva como el periódico de mañana. He trabajado con personas de muchas culturas alrededor del mundo, y sus luchas son las mismas: Cuestionar a Dios, desviarse del compromiso hacia sus esposas e hijos, amar el dinero, buscar poder, competir por posición, y abandonar bruscamente sus metas."[16]

Lamentablemente, esta clase de conducta demuestra la condición de mucha de la iglesia norteamericana hoy. Sin embargo, quienes están llenos del Espíritu Santo están convencidos de la resurrección física de Jesucristo. Ellos saben que Jesús fue tentado pero nunca pecó. Ellos están seguros que Dios perdona todos los pecados excepto la blasfemia contra el Espíritu Santo, y saben que hay un reino de maldad en este mundo lleno de demonios que son un dirigidos por un ser real llamado Satanás. Estos creyentes llenos del Espíritu están también llenos del poder de Dios, y sus características son evidentes en su vida. Ellos están convencidos de estas cosas porque, como Jesús prometió: "Pero el Consolador, el Espíritu Santo, a quien el Padre enviará en mi nombre, les enseñará todas las cosas y les hará recordar todo lo que les he dicho" (Juan 14:26).

Pablo describe el fruto del Espíritu de una manera muy similar a la que define el amor a los corintios. Él dijo: "El fruto del Espíritu es amor, alegría, paz, paciencia, amabilidad, bondad, fidelidad, humildad y dominio propio. No hay ley que condene estas cosas" (Gál. 5:22-23). Quienes "andan" en el Espíritu Santo exhibirán estas características en su vida. No es un error que las Escrituras llamen a la tercera persona de la Trinidad el *Espíritu Santo*. Uno de los primeros deseos del Espíritu Santo es capacitarnos para ser santos. David Lim escribe en su libro *Spiritual Gifts* [Dones espirituales]: "El fruto desarrolla el carácter y la sensibilidad del creyente para ser usado por Dios para satisfacer las necesidades reales de otros. El fruto en Gálatas 5:22-23 se refiere no solo a un estado personal interno de contentamiento, sino a una manifestación de semejanza a Cristo por la cual otros serán atraídos hacia Dios... El fruto refleja quiénes somos."[17] Debiera ser el anhelo y meta de todo creyente demostrar el fruto del Espíritu Santo. Mientras que a los cristianos se les ha dado diferentes dones del Espíritu, todos los cristianos deben ser conocidos por el fruto. Es una burla cuando las personas dicen que ellas están llenas del Espíritu Santo y no manifiestan sus características. Todos necesitamos la ayuda de Dios para producir su fruto, pero ningún cristiano debe dudar de que Dios les ayudará. Todos los creyentes nacidos de nuevo tienen la ayuda del Espíritu Santo cuando buscan cambiar y llegar a ser como Cristo.

AMOR

La palabra griega que se refiere al amor cristiano es *ágape*. Es un amor abnegado que se preocupa en buscar el mayor bien de las personas sin ningún motivo ulterior de ganancia personal. Muchos mal entienden el verdadero significado del amor. Si definimos amor por lo que vemos en los programas de televisión o las opiniones de la sociedad secular, no comprenderemos la clase de amor de la que habla Pablo. El amor es mucho más que un sentimiento emocional; es una decisión para hacer lo correcto por otros sin importar como se siente al hacerlo. William Barclay ha escrito:

> En griego hay cuatro palabras para amor. (1) Eros significa el amor de un hombre por una doncella; es el amor apasionado. Nunca se usa en el Nuevo Testamento. (2) Philia es el amor cariñoso que sentimos por nuestros seres más cercanos y queridos; es una cosa del corazón. (3) Storge significa más bien afecto y se usa especialmente para referirse al amor de padres e hijos. (4) Ágape, la palabra cristiana, significa benevolencia invencible. Significa que no importa lo que alguien nos pueda hacer por un insulto o herida o humillación nunca buscaremos otra cosa que su más alto bien. Es por tanto un sentimiento de la mente tanto como del corazón; tiene que ver con la voluntad tanto como las emociones. Describe el esfuerzo deliberado —el que podemos hacer sólo con la ayuda de Dios— de nunca buscar nada sino solo lo mejor aun para aquellos que buscan lo peor para nosotros.[18]

El obispo Stephen Neill escribe que amor es "una dirección estable de la voluntad hacia el bien permanente de otro."[19] Él dice que mucho del llamado amor es realmente egoísmo, que sólo quiere algo para sí. El amor ágape, sin embargo, busca el bienestar de otra persona. Neill continúa:

> El primer amor (nuestro amor humano) dice: "Quiero hacer mío algo que otra persona tiene, y que está en su poder darme."
>
> El segundo amor (el amor de Dios en nosotros) dice: "Quiero dar a este otro, porque lo amo."
>
> El primer amor desea hacerse más rico al recibir un regalo que alguien más le puede dar.

El segundo amor desea hacer a otra persona más rica al darle todo lo que tiene. El primer amor tiene que ver con sentimiento y deseo. Este amor viene y se va por su propia voluntad; no podemos crearlo por ningún esfuerzo personal. El segundo amor es más un asunto de la voluntad, puesto que dar o no dar está largamente dentro de nuestro poder.[20]

GOZO

La alegría tiene su fundamento en el conocimiento de Dios. Es una profunda gratitud por el amor, gracia, bendiciones, promesas y cercanía de Dios que son parte de quienes pertenecen a Cristo. Tiene poco que ver con lo que tenemos, cómo nos sentimos o la manera en que las personas nos han tratado. Es una profunda sensación de satisfacción que viene a nuestra vida cuando personalmente conocemos a nuestro Creador y entendemos que somos sus hijos.

He tenido la oportunidad de visitar el lugar en Roma donde muchos piensan que el apóstol Pablo pasó sus últimos días. El sitio es una roca excavada bajo el nivel del suelo. Está húmedo, oscuro y la mayoría ciertamente le provocaría sentimientos de claustrofobia. En un lugar así, él esperó el cumplimiento de su sentencia de ser decapitado, pero a pesar de sus circunstancias, Pablo tenía gozo. Él conocía su destino eterno. Él sabía que al momento de su muerte instantáneamente estaría con el Señor. Es muy posible que haya escrito a Timoteo, su hijo amado y amigo en la fe, desde la línea de los sentenciados a muerte. Sus escritos no revelan una pizca de dolor por su condición física o por su sentencia de muerte. Al contrario, él instruye a sus lectores a regocijarse en el Señor siempre. (Vea Fil. 4:4).

Charles Allen dijo: "Así como todas las aguas del mundo no pueden apagar el fuego del Espíritu Santo, tampoco pueden todas las tribulaciones y tragedias del mundo abatir el gozo que el Espíritu trae al corazón humano."[21]

PAZ

La paz es la quietud de nuestras emociones y pensamientos que se basa en el conocimiento de que todo está bien entre nosotros y nuestro Padre celestial. Barclay dice que paz es "esa tranquilidad de corazón que deriva del conocimiento penetrante de que nuestros tiempos están en la mano de Dios."[22] A lo largo de la historia de la iglesia, los cristianos, cuando han pasado por situaciones que naturalmente agitarían o estrujarían a la persona promedio, han tenido la capacidad única de tener "paz... que sobrepasa todo entendimiento" (Fil. 4:7) Esta paz es muy diferente de la paz que entienden quienes no tienen a Cristo. Está al alcance de aquellos que confían en Cristo y andan en el Espíritu. Como Charles Spurgeon dijo: "Miré a Cristo, y la paloma de la paz voló a mi corazón; miré a la paloma de la paz, y voló lejos."[23] Esta paz es sobrenatural, viene del Espíritu Santo.

PACIENCIA

Tres palabras se usan en el Nuevo Testamento para paciencia: Makrothumia, hupomone, y anoche. Hupomone significa perseverar o soportar bajo sufrimiento o desesperación. Anoche se refiere a la paciencia (detenerse) de Dios respecto al pecado de la humanidad. La palabra que Pablo usó en Gálatas 5:22 es makrothumia, lo que corresponde a la capacidad de ser paciente con las personas que repetidamente nos causan daño. Los cristianos deben controlar su temperamento y procurar entender a otros. Es una cosa tratar de ser paciente con las actividades cotidianas y nuestras relaciones, pero ¿cómo responde a las personas cuando lo tratan mal o dicen cosas que lastiman su reputación? Esta palabra significa aguante, ser lento para airarse o desesperarse. Si Dios hubiese sido un ser humano, Él habría aniquilado este mundo desde hace mucho tiempo; pero Él tiene paciencia que soporta nuestros pecados, y Él no nos descarta.[24] Dios es paciente con toda la humanidad, no queriendo que nadie se pierda eternamente. Debemos demostrar la misma clase de paciencia con quienes son parte de nuestra vida.

AMABILIDAD

La amabilidad procura reconciliar y redimir. La palabra *chrestotes* a veces se traduce "bondad." La palabra significa una bondad que es amable.[25] No evita confrontar a alguien que está equivocado, ni pasa por alto las circunstancias que requerirían arrepentimiento. Esta amabilidad opera en un espíritu suave. Aunque no desea lastimar a otros o causar dolor, sí desea el bien más grande y duradero para otros. Quienes son amables quieren lo que Cristo quiere para las personas, sabiendo que si las personas viven en pecado, terminarán finalmente dañándose ellas mismas. Al tratar con personas así, sin embargo, la persona amable recuerda la misericordia de Dios. Charles Allen ha dicho: "En nuestro desprecio por el pecado, uno puede ser áspero y poco amable con el pecador... Algunas personas parecen tener tal pasión por la justicia que no tienen espacio para la compasión de aquellos que han fallado."[26] La amabilidad busca el bien eterno de otros y busca maneras de ayudarlos a hacer lo que agrada a Dios.

BONDAD

Bondad es "virtud equipada en cada punto."[27] Bondad (griego *agathosune*) tiene un celo por la verdad y un odio por el mal; puede ser expresada en acciones de amabilidad o en reprender y corregir el mal. Su deseo cuando reprende o corrige es traer la verdad o el bien último en una persona o situación. Trench dice que Jesús mostró *agathosune* cuando limpió el templo y expulsó a quienes lo estaban convirtiendo en bazar.[28] Billy Graham dijo: "La palabra *bueno* en el idioma de las Escrituras literalmente significa *ser como Dios*, porque sólo Él es el único perfectamente bueno... El significado aquí es más que *hacer bien*. Bondad va mucho más a fondo. Bondad es amor en acción. Conlleva no sólo la idea de justicia imputada, sino justicia en la vida diaria por el Espíritu Santo."[29]

FIDELIDAD

Fidelidad es una firme y constante lealtad y adherencia a una persona a quien uno está unido por promesa, compromiso, confiabilidad, y honestidad.[30] Las personas que son fieles son leales y dignas de confianza a la verdad y a las personas a quienes sirven. Permitimos que Dios el Espíritu Santo nos hable acerca de las áreas de nuestra vida que necesitan ser más como Cristo, tales como nuestras actitudes, pensamiento y conducta. Cuando nos percatamos que el Espíritu Santo está haciéndonos sensibles a un área de nuestra vida que necesita ser corregida y perdonada, respondemos con rapidez a su impulso. Somos fieles a Cristo y fieles a la voz interior del Espíritu Santo.

HUMILDAD

Humildad (griego *praotes*) puede también traducirse "mansedumbre." Es restricción conectada con fortaleza y valor. Describe a una persona que puede estar airada cuando se necesita la ira y humildemente sumisa cuando la sumisión es necesaria.[31] Algunos la han descrito con exactitud como "poder bajo control." Aristóteles definió *proates* como el medio entre la excesiva ira y la excesiva falta de ira, la cualidad de una persona que siempre se aíra en el tiempo correcto y nunca en el tiempo equivocado.[32] El Espíritu Santo nos ayudará a controlar nuestras emociones de modo que no pequemos en nuestra conversación o acciones. Podemos sentir que perdemos el control, pero Dios nos capacitará para mantenernos estables.

En su descripción del ministro y escritor devocional de Sud África, Andrew Murray, el presidente del Colegio Wheaton V. R. Edman dijo:

> Tal en verdad es la vida constante que saca su sustento y fortaleza de la Vid. Mediante el refrescante y vivificante flujo del Espíritu Santo a través de esa vida hay oración que prevalece, predicación poderosa, amor contagioso, gozo rebosante y paz que sobrepasa todo entendimiento. Es la adoración tranquila para conocer a Dios por sí mismo. Es la obediencia que nos hace mantenernos a la luz de la Palabra. Es la fertilidad que surge espontáneamente del permanecer en la Vid.[33]

DOMINIO PROPIO

También traducido como "templanza," *egkrateia* es la palabra griega para dominio propio. Significa tener control o autoridad sobre los deseos y pasiones personales. Susana Wesley escribió una vez a su hijo Juan, cuando él estudiaba en Oxford: "Cualquier cosa que aumenta la autoridad del cuerpo sobre la mente es algo malo."[34] Las personas que tienen dominio propio tienen mando sobre sus deseos naturales por el placer. Ellas no son controladas por los impulsos espontáneos de los deseos terrenales. Platón usó la palabra *templanza* (dominio propio) por dominio de sí mismo.[35]

Egkrateia es la palabra usada para la disciplina de los atletas sobre su cuerpo. (Vea I Corintios 9:25.) Es también la palabra para el control de los creyentes sobre su sexualidad. (I Corintios 7:9.) Las personas que tienen dominio propio, con la ayuda del Espíritu Santo, son dueños de sus emociones e impulsos. Ellos no cambian constantemente su conducta u opiniones con el consejo que les da la siguiente persona, pero son capaces de mantenerse en lo correcto y verdadero. El griego secular emplea esta palabra como la virtud de un emperador que nunca deja que sus intereses privados influyan el gobierno de su pueblo.[36]

NO HAY LÍMITES PARA EL FRUTO

Después de enumerar el fruto del Espíritu, Pablo nos dice: "No hay ley que condene estas cosas" (Gal. 5:23), indicando que no hay límites o restricciones sobre esta clase o estilo de vida. Los cristianos literalmente deben vivir y ser conocidos por estos rasgos de carácter. Cuando las personas los miran, todo el fruto debe ser obvio. En su libro *The Fruit of the Spirit* [El fruto del Espíritu], Manford George Gutzke compara el fruto del Espíritu con la luz: "Todos los colores del arco iris están en cada haz de luz del sol. Todos están allí en todo momento. Tal vez no siempre sean visibles, pero todos están presentes. No es necesario pensar que ellos son muchos colores separados. Así como estos colores del arco iris están presentes en la luz, de igual modo los rasgos de conducta personal están en la obra del Espíritu Santo."[37]

Debemos orar con frecuencia para que nuestra vida sea tan ejemplar como las vidas de los cristianos de los que leemos en el Nuevo Testamento. Es posible, porque Dios nos ha dado el Espíritu Santo para ayudarnos a exhibir el fruto del Espíritu en nuestra vida. No hay conducta negativa o hábito que no podamos vencer con la ayuda del Espíritu Santo. J. B. Phillips escribe: "La gran diferencia entre el cristianismo actual y el que leemos en estas epístolas [Nuevo Testamento] es que para nosotros es primeramente una actuación, para ellos era una experiencia real... Para estos hombres es plenamente la invasión de su vida por una nueva calidad de vida totalmente. No dudan en describir esto como Cristo "viviendo en" ellos."[38]

No podemos llevar el fruto del Espíritu por nosotros mismos. Todos tenemos tremendas capacidades para vencer malos hábitos o comenzar hábitos nuevos y buenos. Sin embargo, hay mucho en la vida que queremos hacer o problemas que queremos superar que simplemente no podemos hacerlo con nuestra propia fuerza. Necesitamos la ayuda del Espíritu Santo. Cuando el Espíritu Santo nos llena, Él nos capacita para andar y demostrar el fruto del Espíritu. El obispo anglicano Jeremy Taylor dijo: "Es imposible que se desespere el hombre que recuerda que su Ayudador es omnipotente."[39]

En este tiempo cuando hay millones de personas que afirman estar llenas del Espíritu Santo, deberíamos de ver más demostraciones de semejanza a Cristo que en cualquier tiempo en la historia. Nuestra vida llena del Espíritu debe señalarle a la gente hacia Jesús. Cuando otros pasan tiempo con nosotros y observan como vivimos, ellos deberían de tener la misma reacción que el Sanedrín tuvo con Pedro y Juan: "Los gobernantes, al ver la osadía con que hablaban Pedro y Juan, y al darse cuenta de que eran gente sin estudios ni preparación, quedaron asombrados y reconocieron que habían estado con Jesús" (Hechos 4:13).

CAPÍTULO 5

Las Señales:
Señales Milagrosas

EL BAJO Y MODESTO africano llamado Carlos Makawa escuchó asiduamente mientras su instructor de Biblia[1] explicaba que en el ministerio de Jesús todo lo que realizó en la tierra fue mediante el poder del Espíritu Santo, y que ese mismo poder estaba disponible para los creyentes llenos del Espíritu hoy. Carlos estaba asombrado. Él pensó: *¿Podría esto ser cierto? Si es cierto, necesito hacer lo que Jesús hizo.*

Carlos fue a una aldea musulmana llamada Naisi, Malawi (África del Este), a comenzar una iglesia. Los corazones de la gente de ese lugar eran duros, y era difícil persuadirlos a creer en Jesucristo. El desaliento era un compañero constante, y Carlos llegó a desesperarse buscando respuestas acerca de cómo alcanzar esta comunidad musulmana para Dios. Él preguntó al Señor cómo desencadenar los endurecidos corazones de la gente de la aldea que padecía problemas físicos graves. Había una mujer ciega que tenía unos treinta años de edad y un hombre que no podía hablar. Carlos recordó la lección de la escuela bíblica acerca de que el mismo poder del Espíritu Santo que Jesús tuvo estaba disponible para él. Él pidió al Señor que lo usara para orar por la sanidad de estas dos personas. Él sabía que si ellas eran sanadas, tendría la atención de toda la aldea.

Carlos habló con la joven mujer y con el hombre mudo y les pidió que le permitieran orar por ellos. El hombre y la mujer ya no tenían ninguna esperanza y no tenían a donde más voltear. La mujer era ciega de nacimiento, y el hombre había perdido la capacidad de hablar hacía muchos años. Ellos se pusieron de acuerdo en la hora en que Carlos oraría a Dios por su sanidad física. Carlos sabía cuales serían las consecuencias si su oración no funcionaba —el corazón de los aldeanos se volvería aun más difícil de alcanzar.

Carlos puso suavemente sus manos sobre la mujer y dijo: "En el nombre de Jesús, oro para que usted reciba la vista." Después de unos pocos momentos, ella levantó sus párpados esperando ver oscuridad, ¡pero repentinamente pudo ver! Por primera vez en su vida, ella podía ver a su familia, a sus amigos que se preocupaban por ella, y a este pequeño hombre que estaba lleno de fe.

Carlos se volvió entonces al hombre mudo y oró: "En el nombre de Jesús, oro para que puedas hablar." Él instruyó al hombre: "Di algo, cualquier cosa que puedas pensar." El hombre sintió que un sonido saldría de su boca si lo intentaba. Él comenzó a hacer ruidos con su garganta, luego formó una palabra con sus labios y lengua. ¡Él también fue sanado instantáneamente!

La noticia de las sanidades se esparció rápidamente por la aldea, "¡La mujer ciega fue sanada cuando el pastor cristiano oró! ¡El hombre que no podía hablar ahora puede hacerlo!"

Los milagros captaron la atención de todos. Ahora el pequeño y tranquilo pastor no podía edificar santuarios primitivos con la rapidez suficiente para albergar a la gente que quería escuchar lo que él tenía que decir. Este pequeño hombre rápidamente se convirtió en un gigante espiritual para las personas de Naisi.

Hace poco el misionero Dean Galyen habló de cómo habló en la aldea de Naisi aproximadamente un mes después de las sanidades. Él encontró al pastor Makawa colocando los fundamentos para el edificio de la tercera iglesia. Dean estaba asombrado con esta nueva iglesia. Por varias horas cada día la gente se reunía en unos edificios pequeños, no terminados, para orar a un Dios que contesta la oración y realiza milagros.

Dean instaló su generador para poder conectar un sistema de altoparlante y luces para el culto de cruzada que tendría esa noche. Cuando llegó la noche, muchos buscadores anhelantes arribaron para oír lo que el misionero americano tenía que decir. Durante el tiempo de cantar, Dean estuvo cerca de quien antes había estado mudo y escuchó que cantaba las palabras de los cantos cristianos con todo su corazón. Cuando le tocó el turno a Dean, él se dirigió al micrófono y pidió a la joven mujer si podía decirle a la gente lo que le había sucedido. Ella vino tranquilamente al frente de la multitud, con cuidado pisó sobre los cordones moviéndose alrededor de la gente y de los obstáculos que había en su camino. Desde lo profundo de su ser ella se dirigió a las personas de su aldea: "Les puedo decir que, como ustedes bien saben, ¡yo era ciega! ¡No podía ver nada! ¡Pero ahora veo!"

Hoy en lo que una vez fuera una aldea musulmana existe una creciente y vibrante iglesia pastoreada por Carlos Makawa. Las personas de la aldea se están volviendo rápidamente a una relación viva con Jesucristo y a una fe activa en Dios que constantemente contesta oraciones. No hay duda de que estas dos "señales milagrosas" de sanidad ganaron la atención de las personas de Naisi.

¿POR QUÉ SEÑALES MILAGROSAS?

Uno de los primeros propósitos de las señales milagrosas es el evangelismo. El autor David Lim escribe:

> Los eruditos del iglecrecimiento han señalado vez tras vez al movimiento pentecostal-carismático como la fuerza más poderosa en el cristianismo hoy. A pesar de las imperfecciones del movimiento, las señales milagrosas son una clave para el crecimiento de la iglesia alrededor del mundo. Los dones no tienen el propósito de ser contenidos dentro de las paredes del edificio de la iglesia. Allí aprendemos. Luego salimos y ministramos a otros. Los dones en sí mismos tienen una estructura interna de edificar e ir.[2]

La respuesta más constante de parte de no creyentes inquisitivos cuando ven la obra de Dios a través de señales milagrosas es el asombro. Ellos pueden llegar a convencerse tanto acerca de la realidad de Dios que se convierten a Cristo. Dios usa las señales milagrosas para promover sus propósitos de avanzar su reino. El evangelismo es ciertamente el principal propósito de las señales milagrosas. Las señales milagrosas pueden glorificar a Dios. En su libro *Acts Today: Signs and Wonders of the Holy Spirit* [Hechos hoy: Señales milagrosas del Espíritu Santo], Ralph Harris escribe: "Los milagros traen gloria a Dios al probar su existencia. Los milagros hacen que las personas reverencien a Dios. El poder que viene con el bautismo en el Espíritu Santo es dado no sólo para realizar milagros sino para glorificar a Dios."[3] Este hecho debe recordar a las personas usadas por Dios el dar toda gloria y alabanza a Él. Es muy problemático ver o escuchar personas que tratan de darse crédito a sí mismas debido a los dones espirituales que Dios les ha dado, o porque Él ha escogido usarlos. Debemos recordar que somos sólo vasijas que el maravilloso Espíritu Santo usa. No importa cómo Dios elija usarnos, lo que hacemos debe traer gloria a Él.

Además, las señales milagrosas recuerdan a los creyentes que Dios está activo en el mundo hoy; de este modo, sus experiencias aumentan grandemente su fe. La naturaleza de Dios es milagrosa. Las señales milagrosas deben ser una experiencia natural cuando nuestro Dios sobrenatural está presente. Nuestro Dios es un Dios que con su palabra hizo que este mundo existiera, y Él ha escogido invalidar sus leyes naturales innumerables veces a través de la historia. Es Dios quien elige usar milagros, sanidades, liberaciones y otras obras asombrosas en su iglesia. Esta no es una idea humana, y no es natural; es sobrenatural, y el Dios creador ha escogido ejercer esto para manifestar su gloria.

Felipe y Esteban eran "meseros" comunes en la iglesia primitiva. Los apóstoles necesitaban mano de obra extra para asegurar que los deberes necesarios tales como ministrar a las viudas se llevaran a cabo. Los líderes buscaron siete hombres que estuvieran llenos del Espíritu Santo para hacer algunas de las tareas humildes. Estos siete hombres estaban dispuestos a hacer lo que hiciera falta, así que su primera asignación ministerial era "servir las mesas" (Hechos 6:2). Estos hombres fueron también conocidos, sin embargo, por ser grandemente usados por Dios. Felipe y Esteban eran dos ejemplos de ello.

Leemos de Felipe: "Al oír de Felipe y ver las señales milagrosas que realizaba, mucha gente se reunía y todos prestaban atención a su mensaje. De muchos endemoniados los espíritus malignos salían dando alaridos, y un gran número de paralíticos y cojos quedaban sanos" (Hechos 8:6-8). Y las Escrituras dicen de Esteban que él era un "hombre lleno de la gracia y el poder de Dios, [que] hacía grandes prodigios y señales milagrosas entre el pueblo" (Hechos 6:8). Si Dios podía usar a dos laicos como Felipe y Esteban, que estaban dispuestos a hacer lo que fuera necesario, Él puede usarle a usted también.

LA IGLESIA PRIMITIVA

La iglesia del primer siglo anticipaba que Dios demostraría su presencia con señales, maravillas y milagros cuando se reunieran. Lo sobrenatural era algo que ellos esperaban. Ellos vieron y oyeron acerca de ello en el ministerio de Jesús, y ellos los esperaban cuando comenzaron a ir a aquellos que no habían escuchado acerca de Cristo. En la casa de Cornelio, Pedro dijo a quienes pronto serían creyentes llenos del Espíritu: "Ustedes conocen este mensaje que se difundió por toda Judea, comenzando desde Galilea, después del bautismo que predicó Juan. Me refiero a Jesús de Nazaret: cómo lo ungió Dios con el Espíritu Santo y con poder, y cómo anduvo haciendo el bien y sanando a todos los que estaban oprimidos por el diablo, porque Dios estaba con él" (Hechos 10:37-38).

Jesús unió la Gran Comisión (esparcir el evangelio a todo el mundo) al hecho de que las señales milagrosas acompañarían la comunicación del evangelio por los cristianos del primer siglo.

Les dijo: "Vayan por todo el mundo y anuncien las buenas nuevas a toda criatura. El que crea y sea bautizado será salvo, pero el que no crea será condenado. Estas señales acompañarán a los que crean: en mi nombre expulsarán demonios; hablarán en nuevas lenguas; tomarán en sus manos serpientes; y cuando beban algo venenoso, no les hará daño alguno; pondrán las manos sobre los enfermos, y éstos recobrarán la salud."

Marcos 16:15-18

SEÑALES MILAGROSAS	EVANGELISMO/ CRECIMIENTO DE LA IGLESIA
Hechos 2:1-4 Las personas fueron llenas con el Espíritu Santo y hablaron en lenguas.	**Hechos 2:41-43** Cerca de tres mil fueron añadidos a la iglesia.
Hechos 3:1-8 El hombre lisiado fue sanado.	**Hechos 3:10; 4:3-4** "Se llenaron de admiración"; "Muchos de los que oyeron... creyeron."
Hechos 5:1-13 Ananías y Safira mintieron al Espíritu Santo y murieron a causa de ello.	**Hechos 5:14-15** "Seguía aumentando el número de los que creían."
Hechos 6:1-8 "Esteban... hacía grandes prodigios y señales milagrosas."	**Hechos 6:7** "El número de los discípulos aumentaba considerablemente."
Hechos 8:6-7 "Felipe... hacía grandes prodigios y señales milagrosas."	**Hechos 8:12** "Creyeron... tanto hombres como mujeres se bautizaron."
Hechos 9:17 Saulo fue sanado y lleno con el Espíritu Santo.	**Hechos 9:31** "La iglesia... iba creciendo en número."
Hechos 9:32-34 Paralítico fue sanado	**Hechos 9:35** Mucha gente creyó.
Hechos 11:15 "El Espíritu Santo descendió sobre ellos tal como al principio..."	**Hechos 11:21** "Un gran número creyó."
Hechos 12:20-23 Herodes fue herido y murió (fue comido por los gusanos).	**Hechos 12:24** "La palabra de Dios seguía extendiéndose y difundiéndose."
Hechos 13:8-11 Elimas el hechicero quedó ciego.	**Hechos 13:12** Cuando el gobernador vio creyó.

Hechos 14:3	Hechos 14:21-23
Pablo y Bernabé fueron capacitados para realizar "señales y prodigios."	Ganaron un gran número.
Hechos 16:25-2	**Hechos 16:31-34**
La prisión se abrió mediante un terremoto por Pablo y Silas.	El carcelero y su familia creyeron.
Hechos 19:11	**Hechos 19:20**
"Dios hacía milagros extraordinarios por medio de Pablo."	"La palabra del Señor... se difundía."

En respuesta al mandato de Jesús, la nueva Iglesia hizo todo lo que él pidió que hicieran. "Señales" (griego *semeion*) que acompañan a los cristianos al predicar y enseñar las verdades de la Biblia confirman que lo que ellos dicen es genuino, que el reino de Dios ha venido a esta tierra en poder, y que el Cristo vivo está activo en sus vidas. Como resultado, vemos señales milagrosas y evangelismo obrando juntos a través del libro de los Hechos. Aquí hay algunos ejemplos:

Cada una de las señales mencionadas en Marcos 16:17-18, excepto el beber algo venenoso, se menciona en el relato de Lucas de los acontecimientos de la iglesia primitiva.[4]

- Hablar en lenguas: Hechos 2:4; 10:16; 19:6; vea también 1 Corintios 12:10, 30; 14:2, 5-6, 18, 22, 27, 39
- Hacer libres a los endemoniados: Hechos 5:15-16; 16:18; 19:11-12
- Escapar de la muerte a causa de una mordida accidental de serpiente: Hechos 28:3-5
- Sanidad de enfermos: Hechos 3:1-7; 8:7; 9:33-34; 14:8-10; 28:7-9

Las señales milagrosas son parte del plan de Dios para alcanzar al mundo para Cristo. En ninguna parte las Escrituras sugieren que las señales estaban restringidas para la iglesia del primer siglo. Los mismos dones espirituales de los que leemos en el Nuevo Testamento pueden ser parte de nuestra vida hoy. Pablo dijo a la iglesia de Corinto: "De modo que no les falta ningún don espiritual mientras esperan con ansias que se manifieste nuestro Señor Jesucristo" (I Cor. 1:7). No hay duda de que predicar el evangelio del reino y "presentar el reino" mediante la demostración del poder de Dios a través de señales milagrosas capta la atención de no creyentes y edifica la fe de los creyentes.[5]

Muchos han oído de David Yonggi Cho, el pastor de la iglesia Evangelio Completo Yoido en Seúl, Corea. De una membresía inicial de cinco personas en 1958, la iglesia creció a dos mil miembros en cinco años. En su libro *Fire from Heaven* [Fuego del cielo], Harvey Cox explica que:

> Cada miembro llega a ser un dedicado mensajero y reclutador, trayendo a otros al siempre creciente rebaño. Para 1971 había 15,000 miembros; en 1981 se contaba con 200,000. La congregación ahora tiene una lista de 800,000* la mayoría de los cuales toma parte en pequeñas oraciones persona a persona y en grupos de estudio además de las reuniones plenarias en el auditorio de la iglesia. La iglesia del Evangelio Completo Yoido sigue creciendo y sus entusiastas miembros insistían que llegarían al millón en el año 2000.[6]

Aunque muchos han escuchado hablar de esta asombrosa iglesia, la mayoría no sabe del poderoso milagroso que sucedió en la vida de Cho que lo trajo a una fe salvadora en Jesucristo. Cho escribe:

> Mi familia vivía en Corea del Norte. Cuando la guerra estalló, perdimos nuestro hogar. Con otros refugiados, viajamos al sur a Pusan. El dinero y la comida escaseaban en extremo, y yo trabajaba muy duro para sobrevivir con una comida al día y continuar mi educación.

Un día mientras estaba trabajando, me salió sangre por la boca. Pronto empezó a salir también por la nariz, y yo luchaba para no asfixiarme hasta que caí inconsciente. Cuando recuperé el conocimiento, mi ropa estaba manchada de sangre. Estaba demasiado mareado para levantarme. No se cuánto tiempo yací allí. Finalmente, luché para ponerme en pie y me las arreglé para llegar a casa. Toda la noche entraba y salía de una coma; mi fiebre se elevó, y cuando tosía, expulsaba sangre.

Por la mañana estaba más muerto que vivo. Mis padres me llevaron al hospital e hicieron que un doctor me examinara. Él tomó unos rayos X de mi pecho. Luego dijo: "Lo siento mucho, pero no podemos hacer nada por ti. Tienes menos de un mes de vida."

"Doctor," supliqué, "¿me está diciendo la verdad?"

Él me mostró los rayos X y explicó: "Su pulmón derecho está completamente destruido por la tuberculosis. La parte de arriba se ha colapsado, y se ha llenado de gangrena. Su pulmón izquierdo también tiene tuberculosis. La malnutrición y el trabajo pesado han hecho que su corazón se agrande, y no puede dejar que la sangre circule apropiadamente. No hay ayuda médica para estas cosas, así que no tengo otra alternativa mas que decirle la verdad."

Regresé a casa aturdido. Mi padre trató de darme seguridad. "Hijo mío, no hay vida ni muerte, no hay gozo y no hay dolor —sólo en Buda está la realidad. Olvídate acerca de la vida y la muerte y ten paz."

Protesté: "La sangre que estoy vomitando es real; mi sufrimiento es real; Buda y tus filosofías no me han ayudado. Las rechazo todas."

Un día mientras yacía allí, el miedo y la desesperación me vencieron y exclamé: "¿Existe algún Dios?

Si hay alguien llamado Dios en cualquier parte del universo, ¡que por favor venga y me ayude! Quiero estar preparado para morir.

Dios escuchó mi oración y me contestó, ¡pero en una forma que yo menos esperaba! Una joven tocó a mi puerta y entró cargando una Biblia. Yo estaba impactado, porque en nuestra cultura las mujeres no toman la iniciativa, y a los hombres les disgusta ser enseñados por ellas. Arrogantemente le ordené que saliera, pero ella dijo: "Puedo ver que estás muriendo. Quiero hablarte de Jesucristo, mi Salvador."

Me enfurecí más y la maldije. Le dije que millones de gérmenes de tuberculosis volaban alrededor en el aire y que ella se infectaría. Ella se limitó a responder: "Mi Cristo me protegerá," y continuó testificándome. Finalmente, se marchó y yo dije: "¡Bendito sea Buda, se ha ido!"

A la mañana siguiente regresó. Esta vez ella cantó unos cantos y leyó en voz alta de la Biblia. La maldije y la llamé perra cristiana, pero ella no hizo nada en mi contra. Todo el día habló de Cristo.

Cuando vino cinco días, le pregunté por qué seguía viniendo y orando por mí. "Hay Alguien que me constriñe a venir y orar por ti," respondió ella.

"¿Quién es?" le pregunté.

Ella me dio su Biblia, y comencé a leer en el lugar que ella me indicó —el primer capítulo de Mateo. Después de unos minutos exclamé: "Esto es como un directorio de teléfonos. ¿Cómo me puede ayudar esto?"

Ella me dijo que siguiera leyendo y encontraría una hermosa historia. Después de orar una vez más, se marchó.

Seguí leyendo, esperando encontrar filosofía difícil como la que había estudiado en el budismo. Pero encontré que la Biblia trataba de un hombre llamado Jesucristo, ¡El Hijo de Dios!

Leí acerca de cómo Jesús sanaba al enfermo y al moribundo. Si sólo pudiera venir a Jesús, pensé. ¡Él me ayudaría! La razón argumentaba que yo no podía venir. Lo había maldecido y odiado. Traté de encontrar un versículo que mostrara que Jesús odiaba a los pecadores, pero por más que busqué, no pude encontrar ninguno. En cambio encontré que él perdonó a una adúltera y liberó a un endemoniado. Siempre recibió al enfermo y al pecador. Lentamente me di cuenta que aunque era el más pobre de los pobres, un gran pecador, y me estaba muriendo de tuberculosis, ¡Jesucristo me recibiría!

Decidí orar y pedir a Jesús que fuera mi Salvador. Mientras oraba, una gran paz se derramó dentro de mí. Cada célula en mi cuerpo parecía cargada de nueva vida. Algo comenzó a bullir dentro de mí, y pensé que iba a vomitar sangre, ¡pero encontré que era gozo! Quise cantar pero no sabía cómo.

Después de pasar por un tiempo de rechazo de mi familia porque había dejado la fe budista, renté una pequeña habitación para vivir. Un día cerré la puerta de mi habitación y comencé a orar. "Jesús," dije, "quiero reunirme contigo para tener una consulta acerca de mi futuro." Esperé, pero Cristo no vino. Entonces cerré mis ojos fuertemente esperando que Él pudiera venir en visión. Pero no apareció ninguna visión. Oré todo el día. Para la noche estaba empapado en sudor, pero seguía orando. Después de la medianoche la fuerza se fue de mi cuerpo y me acosté a descansar.

De repente la habitación se volvió brillante. Oleadas de lo que pensé que era humo entraron a raudales. Yo estaba anonadado. Pensando que la casa se incendiaba, traté de pedir ayuda, pero no salió ni un sonido.

Desesperado miré alrededor y miré dos pies. Miré más arriba y miré una túnica blanca. Luego miré un rostro que era como un sol poderoso y que emanaba rayos de luz. Todavía no sabía quien era él hasta que miré la corona de espinas. Ellas penetraban sus sienes y la sangre manaba. Supe entonces que era Jesucristo. Su amor parecía derramarse sobre mí.

Mis dioses habían sido dioses de miedo y maldiciones. Siempre había ido a sus templos para pedirles que no me castigaran. Pero Jesús era diferente. Sentí su amor, y todo el temor se fue.

Un gozo glorioso surgió de mi ser. Mi lengua y mis labios comenzaron a hablar. Traté de detenerme, pero parecía que otra persona estaba controlándolos y se expresaba vigorosamente. No sabía lo que era, pero me di cuenta que mientras más hablaba mejor me sentía, así que seguí hablando.

Cuando volví a ser consciente de lo que me rodeaba, Jesús se había ido, pero la gloria estaba todavía en mi alma. Me olvidé del dolor en mi corazón y pulmones y corrí a una casa cercana donde estaba un misionero que había conocido. Sabía que Louis Richards, misionero de las Asambleas de Dios, podría responder mis preguntas acerca de esta experiencia. Le expliqué que hablé en un idioma extraño. Él abrió su Biblia en el segundo capítulo de Hechos y explicó que había sido bautizado con el Espíritu como los primeros creyentes lo fueron. Lloramos de gozo.

Esta nueva experiencia me hizo querer testificar más. Salí a las calles y comencé a hablar a las personas acerca de Jesús. A medida que adquiría más fuerza, fui de casa en casa.

Un día me di cuenta que ya no sufría de dolor en el corazón o que me faltaba la respiración. Fui al hospital, y después de un examen y rayos X el doctor me dijo que los pulmones estaban bien. ¡No había tuberculosis! Aun mi corazón había vuelto a su tamaño normal.[7]

Hoy la iglesia del Evangelio Completo de Yoido en Seúl, Corea, es la más grande en el mundo y en la historia. David Yonggi Cho es un hombre sano y con propósito. Él recuerda su vacío pasado sin Cristo y entiende la religión carente de poder de su nación. Cho ha experimentado el poder milagroso de Dios, y está comprometido a traer el reino de Dios a Corea con poder y autoridad. Para el pastor Cho, el crecimiento de la iglesia no consiste en edificios hermosos o grandes programas (aunque estos pueden ser buenos); más bien, el crecimiento de la iglesia sucede naturalmente cuando las personas experimentan el maravilloso poder de Dios.

Considere la historia de Pedro y Juan cuando van al templo a orar narrada en Hechos 3:1-10. Un hombre lisiado era traído a la puerta del templo cada día para pedir limosna. Él había nacido paralítico y no tenía esperanza de caminar, así que alguien tenía que llevarlo al lugar donde pedía limosna. Él se sentaba en suelo polvoriento y veía hacia arriba a la gente que pasaba y pedía un poco de dinero.

Si usted vive en una ciudad grande esta no es una vista poco común. Todos hemos visto pordioseros. A veces no sentimos culpables porque no podemos ayudarles. Otras veces nos enojamos porque nos molestan o no nos gusta verlos. Quizá a veces deseamos que ellos sean sanados.

Cuando Pedro y Juan caminaron junto al pordiosero, éste pensó que ellos dos eran personas comunes. Probablemente no le prestaba particular atención a nadie que pasaba. La multitud era sólo una mancha de gente. Hacía muchos años que sus emociones se habían entumecido con la derrotada aceptación de que esta era su porción en la vida. Al mirar hacia la gente, él pudo haber implorado en un eco monótono: "Limosna, limosna, limosna, ¿tiene usted alguna limosna?" Hemos escuchado eso antes. "¿Podría regalarme unas monedas?" O podría sonar como: "Necesito dinero para alimentar a mi familia."

Pedro podía haber pasado al lado de este hombre antes. De hecho, es posible que hubiese pasado al lado de muchos pordioseros durante su vida. Pero este día, él sintió que una fe surgía dentro de él, y dejó de caminar para mirar al hombre. Él pudo haber tomado a Juan del hombro y dicho: "Juan, ¡detente! ¡Espera un minuto! Quiero hablar con este hombre."

Pedro, con Juan, mirándolo fijamente, le dijo: –¡Míranos! El hombre fijó en ellos la mirada, esperando recibir algo. –No tengo plata ni oro –declaró Pedro–, pero lo que tengo te doy. En el nombre de Jesucristo de Nazaret

¡levántate y anda! Y tomándolo por la mano derecha, lo
levantó. Al instante los pies y los tobillos del hombre
cobraron fuerza. De un salto se puso en pie y comenzó
a caminar. Luego entró con ellos en el templo con sus
propios pies, saltando y alabando a Dios.

Hechos 3:4-8

¿Habría usted hecho lo mismo? Se que yo lo hubiera hecho. Yo
habría corrido, saltado, reído y llorado. No creo que me hubiera sentido avergonzado o que me hubiera preocupado ni por un momento lo
que la gente pensara de mí. También inmediatamente hubiera querido
escuchar lo que este hombre llamado Pedro tenía que decir.

Una multitud se reunió alrededor de los tres hombres, porque
muchos recordaban que este hombre era "el pordiosero." Cuando Pedro
vio que la gente fijaba la vista en ellos, dijo:

Pueblo de Israel, ¿por qué les sorprende lo que ha
pasado? ¿Por qué nos miran como si, por nuestro poder
o virtud, hubiéramos hecho caminar a este hombre? El
Dios de Abraham, de Isaac y de Jacob, el Dios de nuestros
antepasados, ha glorificado a su siervo Jesús. Ustedes
lo entregaron y lo rechazaron ante Pilato, aunque éste
había decidido soltarlo. Rechazaron al Santo y Justo, y
pidieron que se indultara a un asesino. Mataron al autor
de la vida, pero Dios lo levantó de entre los muertos, y
de eso nosotros somos testigos. Por la fe en el nombre
de Jesús, él ha restablecido a este hombre a quien ustedes
conocen. Esta fe que viene por medio de Jesús lo ha
sanado por completo, como les consta a ustedes.

Hechos 3:12-26

Pedro sacó ventaja de la curiosidad de la multitud para explicarles que
el Cristo resucitado sanó al hombre y que ellos podían recibir perdón de sus
pecados y recibir salvación al creer en Jesucristo. No hay duda que cuando Dios
realiza un milagro, las personas están abiertas a la presentación del evangelio.

¿POR QUÉ ALGUNOS DUDAN DE LAS SEÑALES MILAGROSAS?

He tenido el privilegio de viajar a muchos países donde las señales milagrosas son un suceso común. Los testimonios de los maravillosos actos de Dios son parte de muchos cultos de adoración en estos y en otros países. Sin embargo, en Norteamérica ha habido mucho escepticismo, crítica, y aun enseñanza en contra de la realidad de que Dios usa las señales poderosas en la iglesia hoy. Esto se debe en parte a la incredulidad exagerada a la que somos constantemente expuestos en los medios de comunicación y en la prensa de este país. Los programas de televisión a menudo se burlan de quienes tienen fe en Dios o que sostienen fuertes convicciones religiosas. Algunos programas radiales de entrevistas emplean gran talento para crear dudas acerca del poder de Dios. Tenemos una generación de personas que son expertas en no creer y que valientemente se burlan de los informes del poder de Dios diciendo: "¡Eso es ridículo!" Hay muchos en Norteamérica que creen que el dinero y las posesiones, no la verdad espiritual, traerán la felicidad final. Si usted no cree esto, sólo observe los comerciales durante una noche en la programación de la televisión local.

La mayoría de los sistemas escolares prohíben a nuestros hijos orar en público. Ellos prohíben los estudios bíblicos y remueven las escenas de la natividad, las tarjetas navideñas acerca de Cristo, y los cuadros cristianos. Al mismo tiempo, insisten en los derechos de los homosexuales y la capacidad de enseñar que hay tipos alternativos de conducta sexual —es decir, premarital, extramarital, homosexual y lesbiano. Ellos promueven la libre distribución de condones porque dan por sentado que los jóvenes son sexualmente activos. Ellos promueven leyes que permitirán a los menores a terminar con la vida de sus niños no nacidos sin informar a sus padres, incluso luchan por los derechos de los animales.

Nuestra sociedad no es una sociedad cristiana como muchos piensan. Está lejos de las normas de Dios y está llena de la enfermiza apatía que viene de la opulencia. Los norteamericanos tienen una gran cantidad de dificultades que algunas naciones simplemente no tienen.

En muchas otras partes del mundo, la fe cristiana es con frecuencia una simple e inocente creencia en un Dios poderoso, siempre presente y activo. Los norteamericanos tienden a complicarlo o tratan de descifrarlo, pero Jesús dijo que debemos venir a él como niños. "Entonces les dijo: Les aseguro que a menos que ustedes cambien y se vuelvan como niños, no entrarán en el reino de los cielos" (Mat. 18:3). A pesar de todo el pecado, creo que Norteamérica está en el borde de un gran avivamiento. Más y más escucho de personas desesperadas y anhelantes y de iglesias que están experimentando a Dios de una manera fresca y como resultado están creciendo formidablemente. Las señales milagrosas se están volviendo más comunes en muchas iglesias hoy. Hay varias razones de por qué hay personas que dudan de las señales milagrosas:

Ellas nunca... o piensan que nunca– han experimentado o sido testigos de alguna señal milagrosa.

No hay duda de que esta es la mayor razón de por qué algunos no creen en los dones milagrosos del Espíritu hoy. En su excelente libro *Surprised by the Spirit* [Sorprendido por el Espíritu], Jack Deere escribe: "Los cristianos no dudan en los dones milagrosos del Espíritu porque las Escrituras enseñen que han terminado. Más bien ellos no creen en los dones milagrosos porque no los han experimentado." Deere relata una conversación que tuvo con un reconocido teólogo: "Hice el comentario de que no había una pizca de evidencia en la Biblia de que los dones del Espíritu hubiesen dejado de existir. Él dijo: 'Yo no llegaría tan lejos, pero se que no puede probarse el cese de los dones a partir de las Escrituras. Sin embargo, no los vemos con claridad en la historia posterior de la iglesia, y no son parte de nuestra tradición teológica.'" Deere agrega: "Este hombre enseña en un seminario que era dogmáticamente cesacionista[8] en su enfoque de los dones milagrosos, pero en conversación privada admitió libremente que su doctrina no podía ser probada por las Escrituras."[9]

Al leer las Escrituras, uno no puede llegar a la conclusión de que los dones terminaron con la iglesia primitiva. La gran batalla que muchos enfrentan es con la idea de que ellos no han visto o experimentado ninguna señal milagrosa en su vida.

Carecen de fe para creer en señales milagrosas

Se requiere fe para creer que Dios existe, que la Biblia es verdad, que Jesús es el Hijo de Dios nacido de una virgen, que Jesús fue físicamente resucitado, y que Él personalmente perdona los pecados de usted. También requiere fe creer que Dios puede darle las mismas experiencias que tuvo la iglesia primitiva y que usted puede hacer lo que ellos hicieron. En realidad, la Biblia dice: "Sin fe es imposible agradar a Dios" (Heb. 11:6). La manera en que edificamos nuestra fe es al escuchar, leer y meditar en la Palabra de Dios. Cuando leemos acerca de las personas de Dios que fueron grandemente usadas por Dios, naturalmente anhelamos ser usados de la misma manera que ellos lo fueron.

Son atraídos por la apelación de la incredulidad. Las señales milagrosas son estorbos para el intelecto porque van en contra del orden natural y revierten el proceso de entropía. La mente quiere entenderlos, descifrarlos, pero puesto que están en el terreno de lo milagroso, el intelecto humano no puede captarlos. Las mentes finitas no pueden comprender los modos de un Dios infinito. Simplemente tenemos que creer —y eso es difícil para algunas personas.

Han visto los dones ser mal empleados. Ver los dones ser mal empleados puede hacer que las personas duden o se vuelvan críticas de la validez de los dones del Espíritu. Algunos artistas del fraude han tratado de embaucar a la gente haciéndoles creer que veían la obra de Dios. Un día tendrán que responder ante Dios por esto. Sólo porque alguien mal emplea, trata de manipular, o pretende ser usado con los dones de Dios, sin embargo, no invalida la realidad de que Dios usa a alguien más. Siempre habrá quienes tratan de engañar a las personas para sus propios intereses personales. El maligno ha falsificado los actos milagrosos de Dios durante miles de años y está intensificando su actividad en nuestro tiempo. No debemos permitir que esto desanime nuestra fe en que los milagros son para hoy.

CÓMO DISCERNIR LAS VERDADERAS SEÑALES MILAGROSAS DE LAS FALSAS

Muchos venenos se parecen mucho al agua para beber. Si se colocan dos vasos en su mostrador, uno lleno de veneno claro y el otro lleno de agua para beber, los dos pueden parecer lo mismo. Fácilmente usted podría cometer el trágico error de levantar el veneno y beberlo.

Mientras que el vaso de agua le quitaría la sed, el vaso de veneno lo mataría. Si usted supiera que un vaso contenía agua y el otro veneno, usted trataría de descubrir cuál era veneno sin tener que probarlo, porque ese simple hecho pudiera dañarlo.

Este es el caso con las señales milagrosas en el mundo actual. No hay duda de que por miles de años Dios ha utilizado las señales milagrosas para avanzar su reino. Por otro lado, también entendemos por las Escrituras que Satanás usa a sus siervos para realizar "toda clase de milagros, señales y prodigios falsos" (2 Tes. 2:9). Tanto lo verdadero como lo falso parecen lo mismo a los ojos de los no creyentes, pero Dios da a los creyentes discernimiento y maneras para determinar cuáles milagros proceden de Dios y cuáles tienen el veneno de Satanás en ellos.

En el Antiguo Testamento, Satanás usó personas para realizar milagros falsos por sus "artes secretas" (Éx. 7:11, 22; 8:7). En el Nuevo Testamento, Jesús advirtió: "Muchos me dirán en aquel día: 'Señor, Señor, ¿no profetizamos en tu nombre, y en tu nombre expulsamos demonios e hicimos muchos milagros?' Entonces les diré claramente: 'Jamás los conocí. ¡Aléjense de mí, hacedores de maldad!'" (Mat. 7:22-23). Jesús también advirtió: "Porque surgirán falsos cristos y falsos profetas que harán grandes señales y milagros para engañar, de ser posible, aun a los elegidos" (Mat. 24:24).

Pablo instruyó que el anticristo engañaría a las personas usando "prodigios falsos" (2 Tes. 2:9) y "grandes señales milagrosas" (Ap. 13:13); pero él finalmente será detenido y capturado cuando el Señor regrese al fin de la Tribulación. Juan dice que durante este período de siete años los espíritus demoníacos estarán activamente "hac[iendo] señales milagrosas" (Ap. 16:14).

No debemos aceptar el "ministerio" de una persona sólo porque las señales milagrosas parecen ser parte de lo que hace. El discernimiento es crítico hoy más que nunca antes. Hay varias preguntas que debemos hacernos antes de decidir creer y seguir la enseñanza de una persona o su liderazgo espiritual:

¿Predica... o enseña esta persona con exactitud de la Biblia?

La Biblia es la Palabra de Dios sin error, y nunca va a desviarnos. Si un maestro ignora las Escrituras o sólo arroja un versículo aquí y otro allá para demostrar algo, tenga sospechas de los motivos de la persona y de los resultados que la persona asegura que son parte de su ministerio. ¿El maestro o predicador "vive" en la Palabra de Dios? ¿Comunica él o ella libremente amor por la Biblia? ¿Se refiere a ella contextualmente en su mensaje? ¿Usa ejemplos de las Escrituras? ¿Se esfuerza por ser exacto en la interpretación del texto? Es sano formular todas estas preguntas.

¿Da gloria a Dios la persona, o parece estar preocupado por ganar fama?

Dios es el dador de los dones, pero a veces las personas quieren honrar al hombre o la mujer que está siendo usado por Dios. Esta persona siempre debe tener cuidado de dirigir toda elogio o gratitud a Dios.

Pablo y Bernabé tuvieron una experiencia en la cual un hombre que nunca había caminado fue repentinamente sanado:

> "Escuchando a Pablo, quien al reparar en él y ver que tenía fe para ser sanado, le ordenó con voz fuerte: ¡Ponte de pie y enderézate! El hombre dio un salto y empezó a caminar. Al ver lo que Pablo había hecho, la gente comenzó a gritar en el idioma de Licaonia: ¡Los dioses han tomado forma humana y han venido a visitarnos! Al enterarse de esto los apóstoles Bernabé y Pablo, se rasgaron las vestiduras y se lanzaron por entre la multitud, gritando: Señores, ¿por qué hacen esto? Nosotros también somos hombres mortales como ustedes. Las buenas nuevas que les anunciamos es que dejen estas cosas sin valor y se vuelvan al Dios viviente que hizo el cielo, la tierra, el mar y todo lo que hay en ellos."
>
> Hechos 14:9-11, 14-15

Pablo y Bernabé tuvieron cuidado en dar gloria a Dios por este milagro de sanidad.

¿Puede el milagro ser verificado por el informe de un médico, o la autenticidad del milagro es obvia para quienes rodean a la persona que lo experimentó?

Por ejemplo, ¿Un ciego de repente puede ver?, ¿un paralítico puede caminar?, ¿o un enfermo físico o mental es sanado repentinamente? Cuando una persona recibe sanidad física o emocional, hay una evidencia obvia que puede ser confirmada por profesionales adiestrados y por quienes conocen a la persona. Las verdaderas sanidades físicas, los milagros, provocan asombro en las personas debido a que realmente sucedieron. Dios sobrenaturalmente revertió la naturaleza.

¿Hay fruto piadoso en la vida de la persona, y hay personas que vienen al reino de Dios a causa del ministerio de esta persona?

La persona que es usada por Dios para orar por la sanidad de la gente o por milagros debe demostrar el fruto del Espíritu. El Espíritu Santo nunca es rudo, codicioso, arrogante o manipulador. Esto no quiere decir que la persona no será valiente, confiada o aun agresiva con los dones que Dios le ha dado; sin embargo, esta persona hará que otros piensen en Cristo por la manera en que él o ella se comporta o habla. Cuando los líderes cristianos modelan un auténtico cristianismo bíblico en sus actividades diarias, el impacto positivo en aquellos que los observan es importante. La vida privada de los líderes debe modelar y representar la vida semejante a Cristo tanto como su vida pública lo hace. Y la señal o milagro señalará a Jesucristo.

Otro fruto del ministerio de la persona debe ser la salvación de personas. ¿Hay personas que vienen al reino de Dios como resultado del ministerio de esta persona?

No hay duda de que debemos usar discernimiento al evaluar si un ministro es auténtico o no. Algunas personas astutas se han percatado de que es parte de la naturaleza humana ser impresionados por señales milagrosas y que personas ingenuas harán casi cualquier cosa por experimentar algo sobrenatural. Estos artistas de fraudes religiosos sacan ventaja de las personas inocentes.

Tertuliano dijo: "¿Cuál es el más exquisito platillo para el espíritu del mal que el alejar las mentes de los hombres del verdadero Dios mediante el engaño de una falsa adivinación?"[10] Satanás ha tratado de falsificar los dones de Dios por miles de años, y en estos últimos días él intensificará sus esfuerzos.

DIOS PUEDE AYUDARLE

Al terminar este capítulo, no podemos sino pensar en la posibilidad de que usted necesite un milagro de parte de Dios. Si el desaliento y pensamientos sin esperanza han sido sus constantes compañeros, creemos que Dios conoce su situación y quiere animarlo grandemente. Al leer las Escrituras usted puede sentir la seguridad de que el Dios de la Biblia es el Dios de hoy. Él puede estar activo en su vida como lo estaba en la vida de las personas de las que lee en la Biblia. Nuestra vida cristiana es una vida de fe; sin embargo, una señal, una maravilla, un milagro o una revelación de parte de Dios podrían venir a usted inesperadamente de una manera única.

El doctor Arthur Guruswamy, un microbiólogo clínico, tuvo una experiencia semejante cuando llegó a preocuparse al no poder encontrar cura para dos pacientes que tenían infecciones muy serias. El doctor siguió su rutina normal para tratar de aislar las infecciones de manera que pudiera tratarlas apropiadamente con medicamento. Al estudiar las culturas, éstas no indicaban la razón de las infecciones. Esto preocupaba grandemente al joven médico porque existía la verdadera posibilidad de que estas infecciones se convirtieran en una crisis que afectaría miles de vidas alrededor del mundo. La severa realidad de la seriedad del problema lo impactó un día. El doctor Guruswamy dice: "Nadie conocía el sistema para cultivar este organismo."

Junto con su tremenda preparación como médico, el doctor Guruswamy también había sido enseñado por maestros pentecostales y carismáticos que podía orar y pedir a Dios un milagro o una revelación cuando enfrentara tiempos difíciles. Él dijo: "Una noche, el Señor me iluminó sobre cómo hacer esto." Más tarde, cuando se quedó dormido, él tuvo un sueño. En su sueño se vio a sí mismo realizando ciertos procedimientos que aislaron el organismo infeccioso. Cuando despertó, recordó el sueño y rápidamente se dirigió a su laboratorio para ver si funcionaba. Para su asombro la fórmula funcionó. Dios le había dado la solución al problema en una manera que él no esperaba. Los dos pacientes fueron tratados con éxito, y él llegó a ser el primero en los Estados Unidos en aislar el organismo. Esto fue un suceso importante, porque el organismo está implicado en la infertilidad humana.

Con asombro, el doctor Guruswamy pensó acerca de cómo Dios le había dado la solución que no podía ser hallada en libros de texto o en su altamente experimentado adiestramiento. Fue tan simple; fue tan diferente de cómo el mundo piensa. El Dios viviente soberanamente intervino en la vida de dos pacientes sin esperanza mediante las oraciones llenas del Espíritu de un desconocido microbiólogo, y como resultado, miles recibieron ayuda debido a esta revelación.[11]

Usted también puede orar. Usted puede pedir al Señor una revelación, un milagro o entendimiento de la razón por la que usted atraviesa una situación desafiante. Estamos convencidos que Él le ayudará −quizá en una manera inesperada.

Capítulo 6

El Carisma:
Dones Espirituales

KAREN, UNA JOVENCITA DE 16 AÑOS, pensó, al salir de la recepción de una boda, que viajar a su casa en el vehículo de un muchacho de diecinueve años sería algo relativamente sin novedad, pero la combinación de sus malas decisiones y el que se hayan aprovechado de ella cambió el rumbo de su vida.

Esa noche en la recepción Karen había estado experimentando con el alcohol. Ella se había criado en un hogar cristiano donde se evitaba el alcohol. Durante el transcurso de la noche, ella había hurtado bebidas de la cantina varias veces. A ella le gustó el zumbido y no se dio cuenta que su sentido de moderación se debilitaba. Cuando el adolescente mayor que ella, y amigo de la familia, ofreció llevarla a casa, ella aceptó. Antes de llevar a Karen a casa, él se aprovechó de su sexualidad. Así, la noche cuando ella tomó su primer bebida comenzó una espiral descendente de conducta que terminó incluyendo no sólo alcohol y sexo, sino también drogas, pastillas de dieta, y bulimia. Ella trató de escapar de su vergüenza y desesperadamente trató de encontrar algún significado en la vida que se había vuelto miserable.

Karen pensó que al casarse sería feliz. Después ella relataría la historia al decir: "A los dieciséis años conocí a un hombre de veintitrés quien llegó a ser mi esposo —y mi nuevo compañero de borrachera." Desde el comienzo, el matrimonio fue disfuncional y, a veces, peligroso.

Karen y su esposo se volvieron física y mentalmente abusivos cuando bebían. Una noche su esposo la golpeó tan mal que ella necesitó cirugía plástica para reparar las heridas de su rostro.

Karen dejó a su esposo, y se fue a vivir con un traficante de drogas, y se hizo adicta a la cocaína. Ella no sabía que hacer. Pensó que si regresaba con su esposo, hallaría la estabilidad que anhelaba en la vida. Cuando regresó, halló que él también se había envuelto en el tráfico de drogas. Él estaba tan estropeado como ella. La vida era una mancha vacía para Karen mientras ella iba de las drogas al alcohol y trataba de controlar su peso provocándose el vómito. La bulimia llegó a ser un hábito que controlaba su vida.

Después de la pérdida de un recién nacido, Karen trató de terminar con su vida, pensando: "Sólo tomaré una sobredosis de pastillas para dormir y todo acabará." Alguien llamó a los paramédicos y fue llevada a la sala de emergencia del hospital donde le salvaron la vida.

Aunque Karen se había alejado de la forma de vida cristiana que ella había experimentado de niña, no había olvidado sus raíces espirituales. Un domingo decidió asistir a una iglesia pentecostal a donde la había invitado una amiga. Al entrar al edificio de la iglesia, ella sintió que estaba en un buen lugar. Era extraño, pero se sentía en casa entre extraños.

Al recordarlo, ella dice: "Nunca olvidaré la mañana que fui a la iglesia. Las personas aplaudían, levantaban sus manos y alababan a Dios. Yo quería lo que ellos tenían." Las personas que conoció eran amables, felices, y parecían tener un sentido de propósito. Muchas usaban sus habilidades particulares y dones mientras invertían en la vida de otros. Ellos oraron por Karen y sinceramente creyeron que Dios realizaría un milagro de liberación y sanidad emocional.

El siguiente domingo ella volvió y decidió entregar su vida a Jesucristo. Ella inmediatamente supo que había hecho lo correcto y una sensación de contentamiento se asentó en su corazón. Por fin, los días de huir de Dios habían terminado para Karen. Los residuos de drogas y alcohol todavía estaban allí, pero encontró una paz que ninguna forma de sustancia le había podido dar jamás.

Poco después de su nuevo nacimiento, Karen tuvo una experiencia que la abrumó. Durante un culto en la iglesia, ella tuvo una visión. Ella dice: "En mi visión, el Señor me estaba abrazando, y Él dijo: 'Karen, todos estos años he tenido mis brazos abiertos esperándote. Ahora que te tengo, nunca te dejaré ir.'" En esta visión, ella supo que el Señor le estaba asegurando su amor, pero también experimentó una sensación de fe y una nueva fortaleza para alejarse del alcohol, las drogas y la bulimia. Dios liberó milagrosamente a Karen del alcohol, las pastillas de dieta y sus desórdenes alimentarios. Él hizo algo más por Karen, también. Después de observar el cambio en la vida de Karen, su esposo decidió también entregar su vida a Cristo. Hoy son una familia estable. La maldición del abuso, las drogas y el vacío espiritual ha sido rota. Si usted conociera a Karen y a su esposo, nunca sabría el pasado increíble y las adicciones paralizantes que fueron parte en su vida durante años.[1]

La iglesia a la que Karen y su familia asisten es como miles de iglesias en el mundo donde los dones del Espíritu Santo están activos. Un milagro tuvo lugar en Karen y su esposo mientras ellos sintieron el amor de Dios que se extendía hacia ellos a través de las personas de esta iglesia.

DIVERSIDAD DE DONES

En una iglesia donde se enseña acerca de los dones del Espíritu y se los ejercitan de una manera ordenada, hay un sentido de equipo, un sentimiento de que la congregación trabaja junta por el reino de Dios.

Alguien imaginó que la siguiente historia ocurrió entre algunos animales poco tiempo después de la creación.

No fue mucho después de la creación que los animales se reunieron para formar una escuela. Ellos querían la mejor escuela posible —una que ofreciera a sus alumnos un programa de estudios integral y que incluyera nadar, correr, escalar y volar. Para graduar, todos los animales debían tomar todos los cursos.

El pato era excelente para nadar. De hecho, era mejor que su instructor. Pero sólo lograba la calificación mínima para aprobar en escalamiento, y muy baja calificación en correr. El pato era tan lento al correr que debía quedarse al final de las clases diarias para practicar.

Aun así, hubo poca mejoría. Las membranas de sus patas se desgastaron tanto que casi no podía correr, y aun con unas patas tan desgastadas, él era el único que podía obtener una calificación promedio en natación. Promedio era bastante aceptable para todos los demás, así que nadie se preocupaba mucho al respecto —excepto el pato.

La coneja era la mejor de su clase en correr. Pero después de un tiempo, ella sufrió un tirón en su pierna por todo el tiempo que pasaba en el agua tratando de mejorar su nado.

La ardilla era la mejor escalando, pero estaba constantemente frustrada en la clase de vuelo. Su cuerpo estaba tan magullado por todos los duros aterrizajes que tampoco se desempeñaba bien escalando y terminó siendo una pésima corredora.

El águila era un alumno problema constante. Ella había sido severamente disciplinada por ser tan inconforme. Por ejemplo, en la clase de escalamiento, siempre le ganaba a todos para llegar a la punta del árbol, pero insistía en hacerlo a su modo.

Cada uno de los animales tenía su propia área de pericia. Cuando hacían lo que habían sido diseñados hacer, ellos sobresalían. Cuando trataban de operar fuera de su área de experiencia, estaban muy lejos de ser eficientes.

¿Pueden correr los patos? Claro que pueden. ¿Es eso lo que pueden hacer mejor? Definitivamente no.[2]

Cada ser humano en el reino de Dios es diferente. Cada uno tiene antepasados, experiencias y personalidades únicos. Cada cristiano tiene también diversos "dones espirituales" (1 Cor. 12:1, 7). Cuando nos reunimos en la iglesia, los dones naturales o sobrenaturales de algunas personas sobresalen más que otros. Algunas personas son más expresivas y obvias, y otros calladamente cumplen su servicio para el rey aunque tal vez pocos en la tierra lleguen alguna vez a conocer su contribución. Sin embargo, todos trabajan juntos para la gloria de Dios y el avance del reino. Pablo dijo:

> Ahora bien, hay diversos dones, pero un mismo Espíritu. Hay diversas maneras de servir, pero un mismo Señor. Hay diversidad de funciones, pero es un mismo Dios el que hace todas las cosas en todos.

A cada uno se le da una manifestación especial del Espíritu para el bien de los demás. A unos Dios les da por el Espíritu palabra de sabiduría; a otros, por el mismo Espíritu, palabra de conocimiento; a otros, fe por medio del mismo Espíritu; a otros, y por ese mismo Espíritu, dones para sanar enfermos; a otros, poderes milagrosos; a otros, profecía; a otros, el discernir espíritus; a otros, el hablar en diversas lenguas; y a otros, el interpretar lenguas. Todo esto lo hace un mismo y el único Espíritu, quien reparte a cada uno según él lo determina.

I Corintios 12:4-11

El teólogo Gordon D. Fee dice del pasaje anterior: "Todo en este párrafo de apertura[3] gira alrededor de las dos ideas expresadas en la oración de apertura: 'hay diversos dones, pero un mismo Espíritu'"[4] Para clarificar su punto, Fee ilustra el pasaje empleando letras negritas para enfatizar la diversidad y las itálicas para enfatizar igualdad.

VER. 4	**Diversos**	Dones	*Hay, pero un mismo Espíritu*
VER. 5	**Diversas**	Maneras de servir	*Pero un mismo Señor*
VERS. 6	**Diversas**	Funciones	*Pero es un mismo Dios que obra todo en todos*
VER. 7	**A cada uno**	Se le da una manifestación especial	*Del Espíritu para el bien de los demás*
VER. 8	**A unos** **A otro**	Les da palabra de sabiduría Palabra de conocimiento	*Por el Espíritu* *Por el mismo Espíritu*
VER. 9	**A otros** **A otros**	Fe Dones de sanidad	*Por medio del Espíritu* *Por el mismo Espíritu*

| VER. 10 | A otros
A otros
A otros
A otros
A otros | Poderes milagrosos
Profecía
Discernir espíritus
Hablar en diversas lenguas
El interpretar lenguas | |
| VER. 11 | **Todo esto** lo hace *un mismo y único Espíritu*, **quien reparte** a **cada uno** según él determina. | | |

El énfasis y el flujo del argumento son fáciles de ver. La diversidad tiene sus raíces en Dios mismo. Él a su vez ha dado diversidad de manifestaciones (dones) por su Espíritu a diferentes personas para el bien común de la comunidad.[5]

Los dones espirituales son para la edificación de la iglesia y capacitar al pueblo de Dios para alcanzar al mundo perdido. Debido a su amor y cuidado por su iglesia Dios ha dado dones carismáticos únicos que la edificarán y la fortalecerán. Dios vio que los dones sobrenaturales serían necesarios para la salud de la iglesia porque Él es un Dios sobrenatural y vivimos en un mundo donde el enemigo sobrenatural trata activamente de engañar y destruir a las personas.

A través de los siglos, Dios pudo ver el conflicto espiritual que la iglesia enfrentaría con Satanás. Él pudo ver la transición del siglo veinte al siglo veintiuno, cuando, más que en cualquier tiempo en la historia, hubo formidable crecimiento en la iglesia y en la maldad alrededor del mundo. No sólo hay un avivamiento en la iglesia, pero tristemente, en la sociedad, hay un aumento en el misticismo, el ocultismo, los fenómenos paranormales y los milagros falsificados.

La iglesia de Jesucristo debe mostrar realidad espiritual –los dones espirituales verdaderos, sobrenaturales, puros, y poderosos- a un mundo espiritualmente crédulo.

LOS DONES ESPIRITUALES NOS AYUDAN A SERVIR

De regreso a la anterior ilustración de este capítulo, ¿qué fue lo que convenció a Karen que su vida podría ser diferente? Innumerables veces ella había tratado de cambiar su vida por su cuenta. Ella había clamado por liberación y fanáticamente había buscado alguna clase de ayuda para su existencia vacía. Fue cuando Karen observó personas trabajando juntas para Dios, vio personas orar y creer en milagros a favor de los que sufren, y vio familias estables que ella pareció ser capaz de "solo creer" y tener más fe. Cuando alguien habló en lenguas durante el culto de adoración, alguien más interpretó cuidadosamente lo que se había dicho, y la gente fue motivada. Algunas personas en la iglesia parecían tener una sabiduría única que estaba más allá de la educación o la experiencia. Era profunda y a la vez fácil de entender, espiritual, práctica y correcta. Dios parecía estar vivo y activo en esta iglesia. El predicador no era el único que trabajaba, oraba por los que sufrían, y ministraba. El pueblo de Dios actuaba junto.

Esta es la manera en que Dios siempre ha querido que su iglesia funcione. Cada uno tiene uno o más dones espirituales que deben usar cuando el cuerpo se reúne así como en su vida diaria. En *Beyond Church Growth* [Más allá del crecimiento de la iglesia], Robert E. Logan escribe: "El cuerpo de una iglesia está diseñado para funcionar como un equipo mutuamente dependiente, juntos descubriendo y cumpliendo la asignación que Dios les ha dado."[6]

Usted tiene dones espirituales que el Espíritu Santo le ha dado. Tal vez no sepa cuáles son en este tiempo, pero sin embargo, usted tiene uno o más. "*A cada uno* se le da una manifestación especial del Espíritu para el bien de los demás" (1 Cor. 12:7, énfasis añadido).

Una debilidad en algunas iglesias pentecostales o carismáticas es que ellas se han centrado en solo dos de los dones del Espíritu —lenguas e interpretación. La Biblia no da mayor importancia a estos dos dones. Es el deseo de Dios que todos los dones carismáticos estén activos. Además de las lenguas y la interpretación, están los dones de sabiduría, conocimiento, fe, sanidad, poderes milagrosos, profecía y discernimiento. Él ha creado estos dones espirituales para nuestro bien y para la salud de la iglesia. Todos los dones tienen el propósito de traer consuelo y ánimo al cuerpo de Cristo.

Dios diseñó, plantó y estableció la iglesia, y Él también escribió el "manual de instrucciones" sobre cómo la iglesia debe funcionar de manera más eficaz. En la Biblia Dios nos ha instruido a usar los dones espirituales y ha dado direcciones específicas sobre cómo usarlos de manera más eficaz (I Corintios 12-14). El teólogo Frederic Godet escribe: "El término *carisma* indica más bien su [de los dones] origen, la palabra *pneumatika* (14:1) su esencia."[7] En otras palabras, los dones se originan en Dios, y su naturaleza esencial procede del Espíritu Santo. La palabra *carisma* no se encuentra en la Septuaginta o en los escritos griegos antes de la era cristiana. Ocurre casi exclusivamente en los escritos de Pablo (un uso se halla en I Pedro). Pablo considera la iglesia y los dones integrales entre sí —si esta es la iglesia, estos son los dones. Si estos son los dones, ellos retratan la iglesia.[8]

La Iglesia es la más grande institución sobre la tierra. Cuando la Iglesia se reúne, debe reflejar quién es Cristo a través de la obra del Espíritu. Está compuesta de personas nacidas de nuevo de todas las denominaciones cristianas, de toda raza y nación. Aun cuando hay muchos problemas y desafíos en la Iglesia, es una organización hermosa llena de pueblo de Dios. Dios ha dado a la Iglesia todos los dones necesarios para hacerla eficiente en un mundo pecador y terriblemente perdido.

¿HA DESCUBIERTO SUS DONES ESPIRITUALES?

Dios busca personas que pueda usar. Una mujer en Detroit donde yo fui pastor tenía el don de sanidad. A través de los años observé como ella podía creer en sanidad física y emocional en la vida de muchas personas.[9] Tengo un amigo que tiene gran fe a favor de parejas que, por razones físicas, no pueden tener niños. Numerosas veces esta persona ha orado por parejas y ellas han experimentado un milagro que tiene como resultado un embarazo. Los médicos no tienen explicación para ellos excepto que algo ha cambiado.

A cada miembro del cuerpo de Cristo se le ha dado uno o varios dones espirituales, pero pocos entienden cuáles son sus dones. En una reciente encuesta al azar de al menos unos mil adultos seleccionados, George Barna descubrió que 72 por ciento dicen ser miembros de alguna iglesia;[10] sin embargo, 29 por ciento de todos los adultos – y 40 por ciento de *baby boomers*– nunca han escuchado hablar de los dones espirituales, y 69 por ciento han escuchado de los dones espirituales pero no saben cuáles son sus dones espirituales. El don más común que quienes asisten a la iglesia afirman tener es el de enseñanza (5 por ciento). Los temas más comunes mencionados como dones espirituales (los cuales no son dones bíblicos) son amor, amabilidad, relaciones, cantar, y escuchar. Los grupos menos familiarizado con los dones espirituales son *baby boomers* -60 por ciento; mayores de edad –61 por ciento; adultos de bajos ingresos –66 por ciento; y aquellos que no han nacido de nuevo –62 por ciento.[11]

Estas estadísticas nos recuerdan la ignorancia que existe sobre el tema de los dones espirituales. Creemos, sin embargo, el pueblo cristiano quiere saber acerca de los dones que Dios les ha dado y cómo usarlos. Las estadísticas indican que muchas de las iglesias que animan el uso de los dones carismáticos están creciendo.

Una investigación reciente se llevó a cabo donde a los líderes se les preguntó: "Cuando usted cambió la manera de ayudar a las personas a encontrar un lugar de servicio [usando sus dones espirituales], ¿hubo algún cambio en su asistencia? Veintisiete por ciento indicó que ello causó crecimiento –resultando en un promedio de veinticinco nuevas personas añadidas el año anterior. La investigación descubrió que las iglesias en crecimiento activamente ayudan a las personas a encontrar sus dones espirituales y las animan a usar los dones que Dios les ha dado. Muchas de las iglesias de más rápido crecimiento estaban más dispuestas a ofrecer clases sobre los dones espirituales. Cuarenta y siete por ciento indicó que ellos celebraban seminarios ocasionales sobre los dones espirituales, y el 21 por ciento ofrece clases en curso.[12] Las iglesias de más rápido crecimiento estaban más dispuestas a ofrecer métodos más activos –una clase activa sobre dones espirituales. Iglesias de bajo crecimiento o en declive tienden a no ofrecer clases activas.[13]

¿Por qué están creciendo estas iglesias? Porque los miembros sienten que son parte del programa total. Ellos no son solamente observadores; ellos son participantes activos. Ellos se sienten importantes —y lo son —porque son parte de una unidad que trabaja junta por el reino de Dios. Greg Ogden escribe en *The New Reformation* [La nueva reforma]: "El ministerio de la iglesia está formado por los dones y llamados distribuidos por el Espíritu Santo a todo el cuerpo de Cristo."[14] Y Rick Warren dice en *Una Iglesia con propósito:*

> La gran necesidad en iglesias evangélicas es la liberación de miembros para el ministerio. Una investigación Gallup descubrió que solo el 10 por ciento de los miembros de la iglesia estadounidense son activos en cualquier clase de ministerio personal y el 50 por ciento de todos los miembros de la iglesia no tienen interés en servir en algún ministerio... La noticia motivadora que reveló Gallup es esta: Cuarenta por ciento de todos los miembros han expresado un interés en tener un ministerio, pero nunca se les ha pedido o no saben como. ¡Este grupo es una mina de oro sin destapar! Si podemos movilizar y agregarlos al actual 10 por ciento que ya está sirviendo, su iglesia podría tener 50 por ciento de sus miembros activos en un ministerio.[15]

¿POR QUÉ LOS DONES ESPIRITUALES?

Uruguay es un estercolero de intensa opresión espiritual y adoración satánica. Aproximadamente el 50 por ciento de la población es atea. Miles de hechiceras hacen fila en las playas de Uruguay anualmente para celebrar rituales demoníacos. Muchos misioneros, pastores e iglesias interesadas han orado intensamente por una penetración espiritual en este país tan necesitado.

Recientemente, antes de la reunión de una cruzada, una obrera de nombre Blanqui estaba orando para que Dios hiciera cosas maravillosas durante los cultos y para que el Señor removiera cualquier obstáculo de quienes deseaban asistir. Durante su tiempo de oración, algo inusual le sucedió. Ella vio una visión de una luz brillante en el borde de una virgen vestida con color azul en el balcón de una iglesia, cuyo edificio es un antiguo teatro. Más tarde, en una reunión de oración, ella relató su visión al misionero Don Triplett y a los otros líderes de la cruzada. Ellos se preguntaban qué podría significar, pero no dijeron a nadie más acerca de la experiencia de Blanqui.

Poco después de esto, Don hablaba con un hombre que había estado involucrado en el satanismo durante trece años pero ahora era un creyente en Cristo. Don le mencionó que a menudo una persona endemoniada es el "hombre fuerte" del diablo en los pueblos y ciudades. Este hombre le dijo entonces a Don: "El hombre fuerte de esta área es una estatua de una virgen junto al océano. Alrededor de un millón de mocamberos [satanistas] en Uruguay adoran este ídolo."

Don le comentó al hombre la visión que Blanqui había tenido cuando ella oraba.

"Necesito hablar con ella para ver si ella vio este ídolo", dijo rápidamente este hombre.

Cuando Blanqui describió la visión al exsatanista, Don ató cabos y se dio cuenta que el Espíritu de Dios había revelado a ella la forma exacta, el color, el lugar y cada detalle del ídolo. Dios de manera sobrenatural le había dado información específica acerca de lo que debía orar.

Cuatro días después de esta experiencia, la cruzada comenzó. Algo sorprendente sucedió. Una ruptura espiritual dinámica ocurrió y aproximadamente setecientas personas fueron salvas, liberadas de espíritus demoníacos que las poseían y fueron bautizadas en el Espíritu Santo.[16]

Algunos pueden preguntarse acerca de los sueños y las visiones que a veces experimentan los cristianos, pero las Escrituras nos dicen:

> Sucederá que en los últimos días —dice Dios— derramaré mi Espíritu sobre todo género humano. Los hijos y las hijas de ustedes profetizarán, tendrán visiones los jóvenes y sueños los ancianos.
>
> Hechos 2:17

Cuando Dios da un don (o dones) del Espíritu a un individuo, no es sólo para una experiencia personal; es para servicio. Debemos usar estos dones para el beneficio de otros. Los dones del Espíritu nos capacitan para trabajar en el reino de Dios y ayudar a quienes tratamos de testificar. Dios no quiere que ignoremos acerca de los dones espirituales. (Vea I Corintios 12:1.) Él quiere que los utilicemos en nuestro servicio a la Iglesia así como para ministrar hacia afuera a un mundo en el cual la mayoría de las personas están sin Cristo. El comentarista de la Biblia Arnold Bittlinger ha dicho correctamente: "El origen de un carisma nunca radica en la persona, sino en la gracia de Dios que lo rodea. Es esencial tener en cuenta este origen como quiera que el don es considerado o experimentado."[17]

Los nueve dones son llamados colectivamente la "manifestación especial del Espíritu" (I Cor. 12:7), la demostración o despliegue del Espíritu en nuestra vida. Dios utiliza la personalidad única de cada individuo y manifiesta uno o más de los dones a través de esa persona. Como ciertos atletas son naturalmente dotados y coordinados en correr, disparar, pasar, o atrapar una pelota, así hay personas que manifiestan dones espirituales dados naturalmente. Los dones se destacan o despliegan por sí mismos. Se espera de un atleta que sea parte de un equipo más grande y que trabaje como "miembro de equipo". Igualmente, los miembros del cuerpo de Cristo deben cooperar con las metas de Dios para su iglesia. No debe haber llaneros solitarios en la iglesia de Dios. Somos siervos y compañeros de lucha en el reino de Dios. Trabajamos por el bien de los otros miembros y por la causa de alcanzar a quienes no conocen a Cristo. El pastor David Lim de la Iglesia Gracia, de las Asambleas de Dios, en Singapur, ha dicho exactamente: "La iglesia es una diversidad, pero debe actuar en unidad. La iglesia es una, pero debe demostrar su diversidad."[18]

NUEVE DONES CARISMÁTICOS

Cada persona en el cuerpo de Cristo tiene un propósito y un mandato divino en su vida. Ningún ser humano es un error;

cada uno no sólo es importante para Dios sino también es determinante para el plan total que Dios tiene para su iglesia. El bautismo en el Espíritu Santo está disponible para ayudarle a ser todo lo que pueda ser para la gloria de Dios. Dios ha provisto esta maravillosa experiencia para el beneficio de usted. Esta experiencia no lo hace "más salvo" o lo acerca más a Dios, pero lo capacita para ser más eficiente para el reino de Dios. Lim escribe:

> El bautismo en el Espíritu no es primordialmente una experiencia que califica sino una experiencia que equipa. El bautismo capacita a los cristianos a realizar el trabajo con más eficacia. La persona que plenamente cede al Espíritu Santo encontrará una mayor dimensión del ministerio que el que podría realizar sin la llenura. Pero esto no niega la importancia o ministerio de aquellos que todavía no han experimentado la bendición. Eso frustraría el principio del ministerio corporativo. Tales personas, sin embargo, deben ser motivadas a pedir la promesa del Espíritu Santo. A cada miembro se le dan dones. A medida que nos rendimos al Espíritu Santo, recibimos más poder para el servicio.[19]

Muchos han dividido los nueves dones carismáticos de I Corintios 12:8-11 en tres categorías. Mientras que no debemos envolvernos en un gran debate sobre el tema de cómo dividir los dones, es útil imaginar los dones de esta manera:

DONES DE ENSEÑANZA

- Palabra de sabiduría
- Palabra de conocimiento

DONES DE PODER PARA MINISTRAR (DENTRO DE LA IGLESIA Y AL MUNDO)

- Fe
- Dones de sanidad
- Poderes milagrosos
- Profecía
- Discernir espíritus

DONES PARA HABLAR

- Hablar en diversas lenguas
- Interpretación de lenguas

Las personas que tienen dones en el área de enseñanza pueden también ser usados en los dones de poder. Las personas que tienen dones de dar mensajes en lenguas pueden también interpretar o ser usados en la enseñanza o en los dones de poder. Uno no necesita suponer que se ha "amoldado" a cierto don. El Espíritu Santo puede escoger utilizarnos en cualquier don según surja la necesidad; sin embargo, uno notará que ciertos dones particulares parecen destacar en el ministerio que Dios le ha dado a cierta persona.

PALABRA DE SABIDURÍA

Todos los dones son para ayudar el cuerpo de Cristo. Cuando tenemos conocimiento acerca de una verdad particular, algo que necesitamos hacer, o algún asunto en la vida de alguien, Dios nos dará sabiduría en cuanto a cómo y cuándo aplicar este conocimiento. La sabiduría y el conocimiento a menudo van juntos. Cada vez que se usa el don de sabiduría, revela el propósito y los planes de Dios y no contradice las Escrituras. Cuando los apóstoles trataban de encontrar la manera de cuidar de las viudas, ellos escogieron siete hombre "llenos del Espíritu y de sabiduría" (Hechos 6:3). Ellos sabían de antemano que estos hombres tratarían sabiamente y serían guiados por el Espíritu Santo mientras procuraban encontrar maneras de ayudar a las viudas.

Necesitamos sabiduría en nuestra vida diaria, sea que dirijamos un programa de ministerio en nuestra iglesia, aconsejemos a un amigo o hagamos nuestro trabajo. El libro de Proverbios nos anima a dar más alta prioridad en buscar la sabiduría de Dios cuando tomamos decisiones. Siempre debemos preguntar: "¿Cuál es la voluntad de Dios respecto a este asunto y cómo quiere Él que trate yo con esta situación?" A medida que crecemos espiritualmente, llegamos a ser más sensibles a la sabiduría del Espíritu Santo en los asuntos de nuestra vida diaria y aprendemos a buscar la mente de Dios. La Biblia nos anima: "Si a alguno de ustedes le falta sabiduría, pídasela a Dios, y él se la dará, pues Dios da a todos generosamente sin menospreciar a nadie" (Santiago 1:5). Podría ser que usted necesite iluminación de Dios sobre cómo ayudar a su niño. Tal vez necesite sabiduría divina con una dificultad en su relación matrimonial o una desavenencia que ha sucedido en sus otras relaciones. El conocimiento le da la información "qué", y la sabiduría provee el "cómo." La sabiduría de Dios está disponible para todos en su iglesia; sin embargo, algunas personas parecen ser conocidas por el uso de este don particular. Típicamente (y con optimismo) estas son las personas que son usadas en los ministerios de enseñanza y en las posiciones de liderazgo de la iglesia.

PALABRA DE CONOCIMIENTO

Uno de los primeros líderes pentecostales, Donald Gee, describió la palabra de conocimiento como "destellos de iluminación hacia la verdad que penetran más allá de la operación de su propio intelecto."[20] Este don espiritual ayuda al maestro a comunicar las verdades halladas en la Biblia. A menudo el maestro de escuela dominical o el líder de estudio bíblico pensará en maneras únicas para ayudar a los oyentes a entender lo que las Escrituras dicen; podría ser a través de una ilustración o un ejemplo que viene a su mente quizá de otra porción de la Biblia. El resultado final es que los alumnos "reciben" y pueden aplicarlo a su vida.

Dios ha dado a líderes militares instrucciones sobre cómo pelear una batalla, y Él da a los líderes espirituales iluminación sobre cómo

Satanás pelea contra su iglesia. Dios también ha usado este don para revelar sobrenaturalmente a los padres una situación en la vida de sus hijos. Él ha dicho a los líderes de la iglesia información específica acerca de algún pecado en la vida de una persona atribulada con la cuál deben tratar. Natán "sabía" acerca del pecado de David con Betsabé, el crimen que había cometido contra el esposo de ella, Urías, y el resultante encubrimiento. Natán también sabía que Dios había perdonado a David (2 Samuel 12) pero habría consecuencias por su conducta.

Los cristianos tal vez nunca se den cuenta cuántas veces Dios les ha dado información que nadie en la tierra podía saber y les ha dado iluminación que nunca habrían pensado de manera natural. Dios es omnisciente y puede revelar su conocimiento a sus siervos en la iglesia cuando ellos lo piden.

Pedro sabía que Ananías y Safira estaban mintiendo al Espíritu Santo acerca del dinero que querían regalar a la iglesia (Hechos 5:1-10). El regalo parecía legítimo, y ellos hacían lo que otros ya habían hecho. Sin embargo, cuando Ananías entregó este dinero a Pedro, Él dijo: "Ananías, ¿cómo es posible que Satanás haya llenado tu corazón para que le mintieras al Espíritu Santo y te quedaras con parte del dinero que recibiste por el terreno?" (Hechos 4:3). Pedro tenía un conocimiento que no vino de una persona, un libro o un documento; nadie le había dado esta información. El Espíritu Santo se lo había revelado.

Usted puede ser un supervisor o empleado que debe "saber" algo para ser más eficiente en su trabajo. Dios puede revelar sobrenaturalmente sus verdades eternas acerca de su situación para que usted sea creativo y haga su trabajo con mayor pericia. Dios desea darle conocimiento acerca de su ministerio espiritual así como en las áreas prácticas de su vida diaria. Sólo tiene que pedirle a Él sabiduría. (Vea Santiago 1:5.)

FE

La fe a la que se refiere Pablo aquí es diferente de la fe que todos necesitan para salvación. Todas las personas pueden tener suficiente "fe salvadora," la cual también es un don de Dios, para creer en Cristo, su resurrección física y su expiación por los pecados. La Biblia nos dice que "sin fe es imposible agradar a Dios" (Heb. 11:6), y que "el justo vivirá por la fe" (Rom. 1:17). Esta manifestación de fe que Pablo enumera es peculiar a ciertos individuos en el cuerpo de Cristo. Puede ser llamada "fe especial." En el día que Elías desafió a los profetas de Baal a clamar a sus dioses por un milagro, él demostró una fe única. Él se burló de estos falsos profetas al decir: "¡El que responda con fuego, ése es el Dios verdadero!" (1 Reyes 18:24). Después de verlos humillarse a sí mismos públicamente durante horas, Elías clamó a Dios que cayera fuego del cielo y consumiera el sacrificio que había preparado. Inmediatamente el sacrificio fue consumido, probando así que el Dios de Elías era el Dios verdadero. (Vea 1 Reyes 18:46-39.)

Pedro demostró una fe inusual cuando supo que el pordiosero paralítico sería sanado. (Hechos 3:1-7). Cuando el barco estaba a punto de naufragar en una espantosa tormenta, Pablo tuvo una fe única de que todos sobrevivirían. Quizá usted haya conocido a alguien que tiene fe que rebasa lo normal. Por lo regular va acompañada de gran valor, tenacidad, y coraje a pesar de las posibilidades.

DONES DE SANIDAD

Este don ha sido malentendido grandemente por muchos. Algunos han enseñado que si una persona tiene este don, todos aquellos por quienes esta persona ora deberían ser sanados. Trágicamente, algunos ministros han tratado de manipular a la gente haciéndoles creer que algunas personas fueron sanadas cuando en realidad no lo fueron. Este don particular puede atraer mucha atención hacia quien lo tiene —o hacia quien pretende que lo tiene. Debemos recordar que ya que este es un don de Dios, Él realiza la sanidad y Él debe recibir toda la gloria por ello. Cuando un médico está involucrado, debemos estar agradecidos por la ayuda del médico, pero dar gloria a Dios por la pericia del médico y la sanidad que resultó.

Debemos entender también que no todos son sanados cuando se ora por ellos (por razones que sólo Dios conoce), y podemos confiar a nuestro misericordioso Dios las razones y los resultados. Es la voluntad de Dios sanar a menos que haya un propósito más alto que lograr mediante la enfermedad. Podemos confiar que él hará lo que es mejor en nuestra vida y en la vida de aquellos por quienes oramos. Timoteo aparentemente tenía dificultad con su estómago. (Vea I Timoteo 5:23.) Pablo dejó a un compañero de viaje llamado Trófimo en Mileto debido a que estaba enfermo (2 Timoteo 4:20). El propio Pablo tenía una "espina clavada en el cuerpo" la que muchos creen que era una enfermedad con la que luchaba. En el caso de Pablo, él entendió que Dios había escogido no sanarlo de este problema particular. Él explicó la situación de esta manea: "Tres veces le rogué al Señor que me la quitara; pero él me dijo: 'Te basta mi gracia, pues mi poder se perfecciona en la debilidad'" (2 Cor. 12:8-9). Pablo había visto milagros asombrosos en su vida; sin embargo, en esta ocasión particular fue la voluntad de Dios que la "espina" permaneciera. Pablo dijo que Dios quería "evitar que me volviera presumido por estas sublimes revelaciones" (2 Cor. 12:7).

La sanidad debe ser parte de la vida de la Iglesia. No sólo están aquellos que tienen un don especial en esta área, pero también Santiago nos dice: "¿Está enfermo alguno de ustedes? Haga llamar a los ancianos de la iglesia para que oren por él y lo unjan con aceite en el nombre del Señor. La oración de fe sanará al enfermo" (Santiago 5:14-15). En muchas ocasiones he visto personas sanadas porque la iglesia obedeció las Escrituras.

Si verdaderamente ha ocurrido una sanidad, ésta debe ser verificada por profesionales y por amigos que conocen a la persona sanada.

PODERES MILAGROSOS

A menudo he pensado en la ocasión cuando los discípulos oyeron a Jesús decirles: "Ciertamente les aseguro que el que cree en mí las obras que yo hago también las hará, y aun las hará mayores, porque yo vuelvo al Padre" (Juan 14:12). Los discípulos habían observado a Cristo alimentar varios miles de personas con el almuerzo de un muchacho. Ellos lo habían visto sanar enfermos, expulsar demonios y aun levantar muertos. Lo habían visto andar sobre el agua. La ocasión cuando Jesús les dijo que ellos harían "mayores" obras que éstas, deben haberse preguntado: "¿De qué cosa puede estar hablando? Él es el Hijo de Dios, y nosotros sólo somos personas." Después del día de Pentecostés el asunto se aclaró. Estos discípulos vieron la promesa cumplida. Pedro resucitó a una mujer llamada Tabita (Hechos 9:40). Un muchacho que había muerto al caer del tercer piso de un edificio fue sanado cuando Pablo "se echó sobre el joven y lo abrazó" (Hechos 20:10). La Biblia nos dice que "Dios hacía milagros extraordinarios por medio de Pablo, a tal grado que a los enfermos les llevaban pañuelos y delantales que habían tocado el cuerpo de Pablo, y quedaban sanos de sus enfermedades, y los espíritus malignos salían de ellos" (Hechos 19:11-12). En una ocasión las personas pusieron a los enfermos en la calles para que la sombra de Pedro pasara sobre ellos. (Vea Hechos 5:15). Las Escrituras dicen que "todos estaban asombrados por los muchos prodigios y señales que realizaban los apóstoles" (Hechos 2:43).

Al describir los milagros, Donald Gee explica: "El griego literal de este pasaje es *dunamis*, 'operación de obras de poder.' El gran pensamiento es de poder; el poder de Dios obrando por el Espíritu de Dios en la iglesia de Dios y a través de ella."[21] Un milagro para nosotros no es una tarea imposible para Dios. Es natural para Dios realizar un milagro. Después de todo, con su palabra creó este mundo y todo lo que vemos, olemos, escuchamos, tocamos y probamos. Dios puede interrumpir el orden natural de las cosas y realizar un milagro si así lo decide.

Cuando Dios usa a alguien con este don, una oleada de fe se levanta dentro de la persona porque una situación que parecía imposible cambia, una puerta cerrada se abre, una visitación angelical sucede, o aun la naturaleza, según la entendemos cambia.

PROFECÍA

La profecía es una declaración inspirada por Dios en el idioma de quien habla y de quien escucha. Podría ser, pero no necesariamente, parte de un sermón del pastor. A menudo el don de profecía es parte de la vida de una persona (la persona es conocida por este don) dentro del cuerpo de la Iglesia. Las Escrituras nos dicen que "Felipe el evangelista... tenía cuatro hijas solteras que profetizaban" (Hechos 21:8-9). También, que había "un profeta llamado Ágabo" (v. 10) quien advirtió a Pablo de su futuro encarcelamiento en Jerusalén. Este don único del Espíritu ilumina un principio del reino. Éste puede ser predictivo o puede incluso revelar específicamente la condición espiritual del corazón de una persona. El teólogo Stanley Horton ha dicho: "Así como hablar en lenguas constituye una expresión sobrenatural en una lengua desconocida, del mismo modo la profecía es la expresión sobrenatural en una lengua conocida. Es la manifestación del Espíritu de Dios, y no de la mente humana."[22]

Puesto que siempre existe la posibilidad de que una persona diga a alguien a un grupo de la iglesia algo que ellos quieran escuchar (no necesariamente lo que Dios quiere que ellos escuchen), o decir algo con una actitud equivocada, se nos instruye en las Escrituras a "que los demás examinen con cuidado lo dicho" (I Cor. 14:29). Esto se hace al formularnos preguntas como: ¿Es bíblico lo que esta persona dice? ¿Edificó, consoló y animó a la iglesia? (Vea I Corintios 14:3.) Es ideal cuando el individuo o el cuerpo de la iglesia conoce a la persona que profetiza porque éste es parte de la iglesia. El don de discernimiento es útil también al juzgar una profecía.

DISCERNIR ESPÍRITUS

En un mundo donde los espíritus malignos engañan a las personas, distrayéndolas de la verdad, necesitamos desesperadamente el don de discernimiento. Satanás usa a sus demonios para distorsionar la verdad de Dios, confundir al pueblo de Dios y cegar a quienes no conocen a Cristo. Es absolutamente necesario entender quién es Satanás y cómo opera como enemigo de nuestras almas.[23] Discernir los espíritus nos capacitará a entender la estrategia de Satanás, y detectar a sus mensajeros que tratan de arruinar la iglesia.

L. Thomas Holdcroft dijo: "Mediante este don, los sentidos humanos naturales son suplidos por poderes divinos apropiados, de modo que los humanos pueden entender el mundo espiritual. El don de discernir espíritus no nos capacita para discernir personas; no es 'discernimiento' en abstracto, sino simplemente lo que quiere ser: el discernimiento de clasificación analítica y juicio de espíritus."[24]

El don de discernimiento fue usado cuando Pablo era seguido por una muchacha que gritaba: "Estos hombres son siervos del Dios Altísimo, y les anuncian a ustedes el camino de salvación" (Hechos 16:17). Aun cuando lo que decía era correcto, Pablo sintió que ella tenía un espíritu demoníaco que la capacitaba para predecir el futuro (recuerde, Satanás es un falsificador de los verdaderos dones). Él dejó que la joven "hiciera de las suyas" por varios días, hasta que "por fin Pablo se molestó tanto que se volvió y reprendió al espíritu: "¡En el nombre de Jesucristo, te ordeno que salgas de ella!' Y en aquel momento el espíritu la dejó" (Hechos 16:18).

Pedro usó discernimiento para proteger la iglesia del engaño y la manipulación cuando reconoció la mentira que Ananías y Safira trataron de decir a la iglesia (Hechos 5). Pedro también impidió que un hombre con un corazón malvado engañara a la iglesia cuando este hombre trató de comprar el don del bautismo en el Espíritu Santo. (Vea Hechos 8:14-23.)

Con frecuencia hemos orado pidiendo este don porque entendemos que nuestro mundo puede ser muy complicado y confuso debido al envolvimiento de Satanás. Es de suma importancia que interpretemos con el entendimiento de Dios la clara verdad en la vida y las personas que tienen influencia en nuestra vida.

HABLAR EN DIFERENTES CLASES DE LENGUAS

El don de hablar en una lengua desconocida por lo general se usa para la adoración privada o para orar con nuestro espíritu. (Vea I Corintios 14:2-4.) Es el don de hablar de manera sobrenatural en un idioma no conocido por el individuo.[25] La Biblia nos dice que esta práctica nos edificará. Cuando oramos en lenguas, nuestro espíritu ora una oración vertical o eleva adoración a Dios.

Cuando alguien da un mensaje en lenguas a una iglesia reunida, Dios inspira el espíritu de la persona a hablar las "maravillas de Dios"

(Hechos 2:11), a edificar y animar a la iglesia, o especialmente revelar los secretos del corazón de alguien. (Vea I Corintios 14:25.) Este don será usado entonces de una manera horizontal.

Dios está interesado en traer edificación a toda la Iglesia. Con ese interés, Él les ha dado a algunos la habilidad de dar un mensaje en lenguas con la expectación de que esta persona o alguien más interpretará el mensaje. En su artículo en *La Biblia de Estudio Vida Plena*, Donald Stamps escribe:

> Este don tiene dos propósitos principales:
> 1-Hablar en lenguas acompañado por interpretación es usada en el culto público para comunicar la adoración, alabanza o profecía dirigida por el Espíritu (I Cor. 14:5-6; 13-17);
> 2 -Hablar en lenguas es usada por el creyente para hablar a Dios en sus devociones personales y así edificar su vida espiritual (I Cor. 14:4).[26]

Pablo nos dice que hablar en lenguas es una señal para el no creyente cuando es acompañada por interpretación. (Vea I Corintios 14:22-23.) Él también dice que cuando Dios inspira a una persona o personas a dar un mensaje en lenguas (o profecía), sólo dos o "cuando mucho tres" (vv. 27, 29) mensajes se deben dar. Este don tiene su lugar apropiado en el culto de adoración; sin embargo, parece que los corintios tuvieron ocasiones cuando en sus cultos de adoración tuvieron más de tres mensajes. El liderazgo de la Iglesia necesita discernir lo que es de Dios y lo que es de la naturaleza humana. Mientras que no queremos impedir que el Espíritu Santo haga su voluntad en un culto de adoración, necesitamos también ser sensibles al tiempo de un mensaje en lenguas, la persona que da el mensaje, y el número de mensajes dados en un culto. Pablo dijo: "Dios no es un Dios de desorden sino de paz" (v. 33).

INTERPRETACIÓN DE LENGUAS

Las personas que tienen el don de interpretación de lenguas tienen la habilidad de interpretar lo que otra persona o ellas mismas han dicho en una lengua desconocida. David Lim comenta:

¿Por qué necesitamos dos dones que deben ir acompañados? La respuesta radica en la naturaleza de las lenguas. El Espíritu Santo toca nuestro espíritu. Deseamos alabar a Dios. Encontramos liberación para exaltar la bondad de Dios en nuestra vida. Uno puede estar exaltando a Dios sobre una gran verdad teológica respecto a su carácter, su obra redentora, o su cuidado especial por nosotros... El desafío de parte del que habla al Cuerpo en su mensaje en lenguas es: "¡Deja que Dios toque tu espíritu de la manera que Él ha tocado mi espíritu!" Hocken dice: "Si el don de lenguas es más plena alabanza a Dios, la recepción de este don necesariamente significa un conocimiento más profundo de Dios."

Cuando la interpretación permite a la congregación entender lo que se dice, ellos son motivados a adorar. Así que aun cuando las lenguas tienen esta dimensión horizontal, su propósito es dirigir al Cuerpo a adorar (vertical).[27]

¿CUÁL ES TU DON?

Los dones del Espíritu no son sólo para los líderes de la iglesia; ellos son para todos en el cuerpo de Cristo, y la necesidad de estos nueve dones es más inmediata hoy que tal vez cualquier otro tiempo en la historia de la Iglesia. Usted tiene una parte integral en el cuerpo, y Dios lo quiere usar. La obra del Espíritu Santo es en la manifestación de lo sobrenatural, en milagros y señales maravillosas. A medida que somos más conscientes de la obra del Espíritu Santo y nuestro corazón se vuelve más abierto a ello, experimentaremos una mayor dimensión de lo sobrenatural con sus dones y manifestaciones.

Poco después de la caída del muro entre Europa del Este y Europa Occidental, fui invitado a hablar en una de las iglesias evangélicas más grandes de Europa, la cual se localiza en Timisoara, Rumania. Esta iglesia pentecostal de varios miles había pasado a través de muchas pruebas y mucha persecución, pero la presión sólo la hizo más fuerte.

El pastor de la iglesia es Teodor Codreanu, un líder cristiano humilde, pero poderoso, en ese país. Recuerdo bien ese día. Ese domingo que iba a ministrar, estaba un poco nervioso por encontrarme en un país extraño, y esperaba poder comunicar mi mensaje con eficacia a través de un intérprete. Sinceramente quería animar a esta maravillosa congregación y puedo recordar el sentimiento que tuve mientras predicaba. Sentí la presencia de Dios y su poder obrando a través de mí de manera inusual. El sermón fluyó suavemente, y el intérprete hacía un buen trabajo. Sentí que las personas me entendían y que el Señor hablaba su verdad a través de su Palabra. En realidad, me sentí tan cómodo allí como me sentía en la iglesia cerca de Seattle donde pastoreaba en ese tiempo. Cuando terminé, numerosas personas entregaron su vida a Cristo. Yo estaba agradecido por la ayuda de Dios.

Después del culto sucedió algo que no esperaba. El pastor Codreanu vino hacia mí y me dijo que alguien en su congregación tenía un mensaje de Dios para mí. Francamente, soy un poco suspicaz cuando alguien dice esto, pero tenía mucho respeto y confianza en este pastor que dije: "Qué bueno, me gustaría escucharlo."

El pastor Codreanu me llevó al lado de la plataforma, y allí estaba una muchacha que tal vez tendría entre doce o quince años. El pastor me dijo: "Esta es la persona. Ella tiene un mensaje de Dios para usted."

Yo estaba un poco sorprendido porque pensé que se trataría de una persona mayor, quizá un diácono u otro pastor.

La joven me miró tímidamente y calmadamente comenzó a hablar a través del intérprete. Ella dijo que mientras yo predicaba, ella tuvo una visión. Amablemente dije: "Por favor dime qué viste."

La pequeña muchacha me dijo: "Mientras usted predicaba, aparecieron dos manos sobre su cabeza. Las manos apuntaban hacia su cabeza y derramaron aceite sobre usted." Ella continuó: "No estoy segura sobre el significado de la visión, pero se que Dios quería que le dijera lo que vi."

Lo que esta pequeña muchacha vio era exactamente lo que yo necesitaba escuchar. Desesperadamente había implorado el aceite de Dios sobre mí ese día. Esta visión me confirmó que Él había escuchado los deseos de mi corazón y había respondido a mi oración. Dios había usado a una pequeña muchacha en el cuerpo de Cristo para bendecirme. El don del Espíritu Santo había traído gran motivación sobre mí. Los dones que Dios le ha dado también son necesarios. Deben ser usados para servir el cuerpo de Cristo y capacitarlo para ser eficiente en el ministerio que Dios le ha dado.

CAPÍTULO 7

La Experiencia:
¿Qué debo Hacer?

A MEDIDA QUE LA PARTE DE ADORACIÓN avanzaba en el culto de esa mañana, observé que la mayoría de las personas sentían una formidable presencia de Dios en el santuario. Algunos tenían sus manos levantadas al aire dando a entender la sumisión de sus vidas al Señor, y otros levantaban sus manos en alabanza como si Él estuviera frente a ellos. Las lágrimas rodaban por las mejillas de muchos conforme la suave brisa del Espíritu Santo se movía a través de la congregación. Como un hábil cirujano, el líder de alabanza dirigía cuidadosamente la congregación en coros que ellos sabían de memoria mezclados con himnos del himnario. Él sinceramente deseaba que las personas ofrecieran alabanza y adoración a Dios y de ese modo evitó cualquier insinuación a la multitud o manipulación sicológica.

En unos cuantos minutos yo estaría predicando a este grupo de personas anhelantes. Mientras adoraba a Dios y al mismo tiempo observaba a las personas, sentí una impresión distinta: "Durante el servicio de altar, Dios va a hacer cosas maravillosas."

Dudé de ese pensamiento, racionalizando que era sólo mi imaginación, pero era tan claro que instintivamente supe que podía ser la voz del Espíritu Santo. De hecho, una fe formidable, junto con curiosidad de lo que Dios haría, creció en mi corazón mientras entregaba el mensaje a la gente.

Cuando terminé de hablar, pedí a quienes deseaban aceptar a Cristo como su Salvador que vinieran al frente del santuario. Muchas personas respondieron de todas partes del edificio. Luego pedí a los que pasaban por situaciones desesperantes en su vida y querían una oración especial que vinieran al frente de la iglesia para que los diáconos y los ancianos pudieran orar por ellos. La porción del altar de ese santuario que sentaba a más de mil personas se llenó, tanto que los pasillos de la iglesia se llenaron también. La misma dulce presencia del Señor había permanecido en el edificio desde el comienzo de la adoración. Mi acordé de lo que sentí que el Espíritu Santo me había comunicado poco antes en el culto: "Voy a hacer cosas maravillosas."

A pesar de que había cientos de personas frente a mí, una jovencita adolescente y su madre llamaron mi atención. Ellas cuidadosamente se las habían arreglado para llegar al frente a través de la multitud, la madre guiando tiernamente a su hija hacia mí. A medida que se acercaban, noté que la muchacha tenía síndrome de Down. Mientras oraba por otras personas, se hizo aparente que esta pareja quería hablar conmigo.

La madre se presentó junto a su hija y rápidamente agregó que la joven había aceptado a Cristo unas pocas semanas antes. Ella entonces agregó: "A mi hija le gustaría que usted orara para que ella reciba el bautismo en el Espíritu Santo." Hablé brevemente con la joven, notando que su dificultad física le impedía hablar con claridad. Sin embargo, ella podía expresar oraciones cortas con un vocabulario limitado.

"Cariño, ¿amas a Cristo con todo tu corazón?" le pregunté.

Ella inmediatamente contestó: "Sí, lo amo."

Le pregunté: "¿Vas a servirlo a Él durante toda tu vida?"

"Sí, toda mi vida", respondió ella.

"¿Quieres que Jesús te bautice en el Espíritu Santo?" le pregunté.

Con anhelo en su mirada y determinación en su voz, dijo: "Sí."

Con suavidad puse mis manos en sus pequeños hombros y oré para que Dios la bautizara en el Espíritu Santo. Le indiqué que repitiera mi oración: "Jesús, te amo y quiero que me bautices en el Espíritu Santo."

Ella dijo: "Jesús, te amo. Por favor bautízame en el Espíritu Santo."

Luego la instruí para que adorara a Dios con su voz y las palabras que Dios le daría.[1] Había visto esto suceder cientos de veces anteriormente, pero esta experiencia particular me tocó. Ella inmediatamente comenzó a adorar a Dios en un lenguaje que nunca había aprendido. Sus manos fueron levantadas al aire, sus ojos fueron cerrados y ella estaba hablando en este nuevo lenguaje con una claridad que no tenía en su idioma natal. Ella estaba llena de alegría por lo que Dios había hecho por ella. Mientras me volvía hacia otra persona que deseaba oración, pensé, Dios no muestra favoritismo. Su salvación por gracia y su poderoso bautismo son para "quienquiera." No importa si una persona es inteligente, padece impedimentos físicos, anciana o joven. Dios quiere que todos en su iglesia reciban todo lo que Él tiene para ellos.[2]

Como un cristiano que ha nacido de nuevo usted es especial para Dios. Usted es su hijo. Usted es parte del reino de Dios y ya no está bajo el dominio de las tinieblas (Vea Colosenses 1:13.) Después de su decisión de hacer a Cristo su Salvador, la elección de recibir el bautismo en el Espíritu Santo puede ser su siguiente decisión. Como dijimos antes, esta experiencia no lo hace más especial, tampoco hará que Dios le ame más. Dios no tiene favoritos en su reino, sólo personas que desempeñan papeles únicos. El bautismo en el Espíritu Santo le dará todo el poder que necesita para hacer todo lo que Dios le ha pedido. Dios le ha ofrecido este bautismo porque Él quiere darle el mismo poder que Él dio a la iglesia primitiva. El evangelista Reinhard Bonnke dice: "Si recibimos el mismo bautismo, debe tener el mismo efecto. Jesús, el que bautiza, no ha cambiado, tampoco sus métodos. En el reino de Dios no somos copias de copias, sino originales del Original, Jesucristo. Hemos experimentado el bautismo en el Espíritu Santo, no recibimos sobras, sino la experiencia original."[3]

Cada cristiano debe ser un testigo. No todos somos evangelistas, pero tenemos una responsabilidad de evangelizar. Debemos vivir la vida cristiana frente a las personas y hablarles del evangelio de Jesucristo. El bautismo en el Espíritu Santo lo capacitará para hacer esto. "El bautismo en el Espíritu Santo significa que personas, salvadas por gracia, y nacidas de nuevo pueden tener nuevas experiencias y volverse testigos de Cristo energizados por el Espíritu."[4]

Después de que Jesucristo resucitó, Él dijo a sus discípulos que "esperen la promesa del Padre" (Hechos 1:4). Este don es para todo creyente en el mundo hoy. Usted puede no estar de acuerdo con nosotros en algunos puntos de terminología y quizá en algo de teología, pero esperamos que todos tengamos esto en común —es decir, que queremos una experiencia del Espíritu de Dios más profunda, rica y poderosa. Usted puede llamarla "bautismo," "plenitud," o la "llenura del Espíritu Santo." Cualquiera que sea la terminología que usted emplee, nuestra oración es que la experimente.[5]

Yo me convertí a Cristo a la edad de veintiún años. Un misionero me habló de Cristo mientras estaba en mi servicio militar en Guam. Antes de mi experiencia de nuevo nacimiento, había estado involucrado en muchas prácticas destructivas. Tuve una conversión dinámica en la cual Dios también me liberó del alcohol, el fumar, maldecir, y confusión acerca del significado de la vida. Estaba asombrado con lo que Cristo había hecho por mí. Poco después de mi conversión a Cristo, el misionero me dijo que había otra experiencia que yo podía disfrutar —la promesa del bautismo en el Espíritu Santo. No podía imaginar que pudiera haber más, puesto que ya estaba agradecido por todo lo que Dios había hecho por mí. Pero anhelaba todo lo que Dios tuviera para ofrecerme y le pedí a Dios que me diera esta experiencia.

Pocos días después estaba en servicio en una instalación militar manejando mensajes altamente secretos. Como sentí la presencia de Dios venir sobre mí, me pregunté qué sucedía. Sentí una cercanía con Dios, parecida a la que sentía cuando oraba en la iglesia, sólo que más intensa. Sabía que Dios estaba haciendo algo muy especial aun en un ambiente altamente secular.

Tan pronto como terminé mi turno de servicio, fui a otro hogar cristiano. Cuando expliqué que había sentido la presencia de Dios de una manera única, comenzamos a orar juntos y a adorar a Dios. Casi de inmediato comencé a hablar en un idioma que nunca había aprendido. Esa noche Dios me bautizó con el Espíritu Santo.

Cada persona que ha recibido esta experiencia puede relatarle una historia única acerca de cómo sucedió. Algunos, como la casa de Cornelio (vea Hechos 10), recibieron la experiencia dentro de segundos después de su conversión. Otros pueden haber sido cristianos por décadas sin nunca haber escuchado que existía tal experiencia. El punto no es tanto *cuándo* escuchaste de esta formidable promesa o *cómo* la recibió; es que usted tome ventaja de todo lo que Dios tiene para usted.

Algunas personas han tratado de decir que el bautismo en el Espíritu con señales que le siguen fue solo para los primeros discípulos ya que ellos necesitaban una "carga" adicional o dones únicos para lograr arrancar el cristianismo. Bueno, ¡también nosotros lo necesitamos! Es vital que utilicemos cada porción de energía disponible y fuerza sobrenatural para hacer la obra de Dios en un mundo de maldad.

El poder de Dios es para usted y para mí hoy. Su maravilloso don está disponible para nosotros como lo estuvo para la iglesia primitiva. Usted puede recibir el mismo poder con señales que le siguen que el que recibió la iglesia primitiva. Sencillamente no hay apoyo bíblico que sustenten las opiniones de quienes afirman que esta experiencia no es para nosotros. Es para hoy, y puede ser parte de su vida. D. L. Moody dijo: "Dios nos ordena ser llenos con el Espíritu; y si no somos llenos, es porque estamos viviendo debajo de nuestros privilegios."[6] Pedro dijo a los miles de espectadores: "La promesa es para ustedes, para sus hijos y para todos los extranjeros, es decir, para todos aquellos a quienes el Señor nuestro Dios quiera llamar" (Hechos 2:39).

Examinemos las palabras de Pedro. Primero, él dijo que la promesa era "para ustedes." Las personas a quienes hablaba Pedro eran las mismas a quienes había acusado de haber matado a Jesús "clavándolo en una cruz" (Hechos 2:23). Las mismas personas responsables de matar a Jesús recibían el ofrecimiento del don del bautismo en el Espíritu Santo. Dios quería que ellos supieran que Él los perdonaría si se arrepentían, y que Él les daría la misma experiencia que recibieron los 120 en el aposento alto. (Vea Hechos 1:13; 2:1.)

Segundo, Pedro dijo que la promesa era para "sus hijos". Es para pasarse de una generación a la siguiente. El cristianismo no es una religión de una generación. Dios no tiene nietos, sólo hijos. Dios tampoco quiere que pensemos que esta experiencia era sólo para personas de hace muchas generaciones. Pedro estaba diciendo a sus oyentes que esta promesa era para sus hijos, nietos, bisnietos y sucesivamente. Pablo oró para que un grupo de discípulos de Éfeso recibieran el bautismo en el Espíritu Santo aproximadamente veinte años después de que los discípulos originales tuvieron esa experiencia. (Vea Hechos 19:1-7.) La palabra "hijos" no sólo significa nuestra familia inmediata, sino también nuestros descendientes. Somos descendientes de la iglesia primitiva. Su experiencia puede ser la nuestra.

Tercero, Pedro dijo que esta promesa era para "todos los que están lejos" (Hechos 2:39 RVR60). Quizá hablaba proféticamente acerca de los cristianos que estarían vivos cuando el rapto de la iglesia sucediera. Al mirar a través de los siglos, los ojos espirituales de Pedro tuvieron una vislumbre de la iglesia de hoy. Nosotros estamos "lejos" en tiempo y espacio.

Cuarto, Pedro dijo que la promesa es "para todos aquellos a quienes el Señor nuestro Dios quiera llamar" (Hechos 2:39). El llamado de Dios para salvación es para todos. Él "quiere que todos sean salvos y lleguen a conocer la verdad" (I Tim. 2:4). Jesús dijo: "Nadie puede venir a mí si no lo atrae el Padre que me envió" (Juan 6:44). Más tarde agregó: "Nadie puede venir a mí, a menos que se lo haya concedido el Padre" (v. 65). El Padre nos atrae hacia Cristo, y el Padre ha dado la garantía de que aquellos que vengan a Cristo no sólo recibirían salvación, sino que también "la promesa" estaría disponible para ellos. Quienes tenemos salvación somos los que "el Señor nuestro Dios quier[e] llamar" (Hechos 2:39). Usted puede tener su propia experiencia personal. En realidad, Dios no quiere que usted se limite a observar a quienes han tenido experiencias poderosas en el Señor. Él quiere este bautismo de la misma manera que lo quiere para todos los demás.

CÓMO RECIBIR LA PLENITUD DEL ESPÍRITU SANTO

Recuerde que el Espíritu Santo es "santo".

Él no entrará en una vasija sucia. Sólo los cristianos que han sido perdonados reciben esta experiencia. No pertenece a otra religión y no puede ocurrir a menos que el corazón haya sido purificado al aceptar a Cristo como su Señor y Salvador personal. Tal vez usted piense que nunca será suficientemente limpio. Usted lo estará; sólo necesita dar su vida a Cristo y pedirle perdón por sus pecados, y arrepentirse (detenerse) de su mala conducta. Pedro dijo: "Por tanto, para que sean borrados sus pecados, arrepiéntanse y vuélvanse a Dios" (Hechos 3:19). Él también dijo: "Arrepiéntanse... para perdón de pecados, y recibirán el don del Espíritu Santo" (Hechos 2:38). Juan nos recuerda que "la sangre de su Hijo Jesucristo nos limpia de todo pecado" (1 Juan 1:7). Pero usted debe asegurarse de que está completamente comprometido con Él. Como D. L. Moody dijo: "Si estamos llenos de orgullo, vanidad, ambición, egoísmo, placeres y el mundo, no hay espacio para el Espíritu de Dios, y creo que muchos oran a Dios para que los llene cuando ya están llenos de algo más."[7] Y Carlos Spurgeon dijo:

> El Espíritu Santo no promete bendecir componendas. Si hacemos un tratado con el error o el pecado, lo hacemos a nuestro riesgo. Si hacemos algo que no tenemos claro, si alteramos la santidad, si somos amigos del mundo, si hacemos provisión para la carne, si predicamos fríamente y hacemos alianza con terroristas, no tenemos promesa de que el Espíritu Santo irá con nosotros. Si usted quiere saber las grandes cosas que Dios puede hacer, como el señor Dios todopoderoso, sepárese del mundo, y de quienes apostatan de la verdad. El hombre de Dios no tendrá nada que ver con Sodoma o con la falsa doctrina. Si usted ve algo malo, apártese inmediatamente. Termine con aquellos que se han apartado de la verdad.[8]

Entienda que este don es para usted.

Usted no tiene nada que temer de los dones y bendiciones que Dios le ha ofrecido. Así como dio el bautismo en el Espíritu Santo a los primeros discípulos, Él quiere que usted también lo tenga. Esto le ayudará, no lo lastimará, porque el que lo ha creado sabe lo que usted necesita.

Algunos temen a la experiencia porque han crecido en una denominación que ha sido crítica del bautismo en el Espíritu Santo. Tal vez esa persona ha visto excesos o conductas no sabias por parte de algunos y piensan que son personas sin equilibrio. Tal vez usted hasta ha tratado de orar por esta experiencia y siente que no funciona. Debe saber que Dios no es un Dios de confusión, y Él verdaderamente entiende sus muchas preocupaciones. Usted no tiene nada que temer de ninguno de los dones. Como mencionamos antes, Jesús dijo: "¿Quién de ustedes que sea padre, si su hijo le pide un pescado, le dará en cambio una serpiente? ¿O si le pide un huevo, le dará un escorpión? Pues si ustedes, aun siendo malos, saben dar cosas buenas a sus hijos, ¡cuánto más el Padre celestial dará el Espíritu Santo a quienes se lo pidan!" (Lucas 11:11-13). Este pasaje no se refiere a la entrega del Espíritu en la vida del nuevo creyente en el momento del nuevo nacimiento (Juan 3:3); está hablando acerca de la bendición del bautismo en el Espíritu Santo que Jesús prometió a sus discípulos.

Juan el bautista profetizó que Jesús bautizaría a sus seguidores en el Espíritu Santo. (Vea Mateo 3:11; Marcos 1:8; Lucas 3:16; Juan 1:33.) Jesús también habló proféticamente cuando dijo: "Dentro de pocos días ustedes serán bautizados con el Espíritu Santo" (Hechos 1:5; 11:16). En los pasajes de Hechos mencionados antes, Jesús prometió dar el Espíritu Santo a todo el que lo pidiera. Su promesa se cumplió primero en Pentecostés y está disponible para usted y para mí hoy.

Anhele todo lo que Dios tenga para usted.

El escritor A. W. Tozer dijo: "Antes de que podamos ser llenos con el Espíritu, el deseo de ser llenos debe consumirnos totalmente. Para este tiempo esto debe ser la mayor cosa en la vida, tan aguda, tan impertinente que desplaza todo lo demás. El grado de llenura en cualquier vida corresponde perfectamente con la intensidad del verdadero deseo. Tenemos de Dios tanto como agudamente deseamos."[9]

Debe haber una ambición santa, un deseo de más de Jesucristo, una devoción pura en nuestro corazón cuando pedimos algo de

Dios. No puede haber motivos impuros o algún deseo de tener este don para que podamos usarlo para nuestro propio beneficio. Es para el beneficio de Dios, y debemos anhelar glorificarlo en todo lo que hacemos. Jesús dijo: "Dichosos los que tienen hambre y sed de justicia, porque serán saciados" (Mat. 5:6).

Pida a Dios que lo bautice con el Espíritu Santo. He conocido a algunos que han recibido el bautismo en el Espíritu Santo en el momento en que fueron salvos. Creo que Dios vio sus corazones anhelantes clamando por todo lo que Dios tenía que ofrecerles. Otros han recibido esta experiencia décadas después de su experiencia de nuevo nacimiento. Sea la razón que fuere, ellos no la pidieron. Tal vez dudaron de la realidad de ella o de que la necesitaban. Sólo Dios conoce las razones.

Si usted quiere recibir el bautismo en el Espíritu Santo, le animamos a programar un tiempo a solas con Dios o asistir a un grupo de estudio bíblico donde esta experiencia es ordinaria, y pida a Jesucristo que le bautice en el Espíritu Santo.

Crea que Dios le dará la promesa por fe. La Biblia nos dice "en realidad, sin fe es imposible agradar a Dios, ya que cualquiera que se acerca a Dios tiene que creer que él existe y que recompensa a quienes lo buscan" (Hebreos 11:6). Nuestra salvación viene a nosotros porque tenemos fe en el Cristo resucitado. Del mismo modo, recibimos el bautismo en el Espíritu Santo al creer que Dios nos dará la promesa.

Jesús dijo: "¡Si alguno tiene sed, que venga a mí y beba! De aquel que cree en mí, como dice la Escritura, brotarán ríos de agua viva. Con esto se refería al Espíritu que habrían de recibir más tarde los que creyeran en él" (Juan 7:17-39). Fe significa aceptar lo que Dios le ha ofrecido. Usted no necesita agregar nada a su experiencia de salvación o tratar de persuadir a Cristo de que usted es lo suficientemente bueno para recibir este don. Porque usted es un hijo de Dios, puede acercarse a Él con valor.

Cuando mi esposa y yo damos regalos de cumpleaños a nuestros nietos, simplemente les entregamos los regalos. Estamos deseos de dar, y ellos están felices de recibir. Ellos no necesitan suplicar, recitar algo o esperar otro día. Así es con el don de Dios del prometido bautismo del Espíritu Santo. Le causa gran placer a Dios darle esta bendición, y usted puede tomarla sólo por fe.

Adore a Dios, por fe, en el lenguaje que le ha dado.

Usted puede tener la habilidad de hablar en lenguas como los primeros discípulos hablaron en una lengua que nunca habían aprendido cuando recibieron "la bendición." Pablo nos dice que cuando hablamos en lenguas no hablamos a la gente sino a Dios, y que nuestro espíritu ora. (Vea I Corintios 14:2.) Si está indeciso, ore en su lengua natal, adore a Dios por un tiempo; luego pida a Dios que le ayude a hablar en la lengua que Él le ha dado. Puede ser solo una palabra o una oración, pero por fe usted empieza a hablar en una lengua que usted nunca aprendió.

Cuando usted comienza a orar en una lengua desconocida (idioma) que Dios le da, recuerde que su espíritu ora. El diablo no tiene idea de lo que usted está diciendo, pero Dios entiende el lenguaje de su espíritu. Reinhard Bonnke dice: "Las lenguas son el único lenguaje que el diablo no puede entender. El experto en confundir se confunde totalmente él mismo, porque no sabe siquiera el alfabeto del Espíritu Santo. Satanás no puede descifrar el código secreto del Espíritu Santo que nos pone en contacto con el trono del cielo."[10]

Usted tal vez no sepa lo que le dice a Dios, pero puede sentir que se comunica con él desde su corazón. La mayoría de nosotros ha tenido tiempos cuando simplemente no sabíamos cómo expresar lo que queríamos decir en oración pero sentíamos la preocupación, o carga, de orar. Dios nos ayuda durante este tiempo al capacitarnos a hablar en un lenguaje dado por el Espíritu Santo o quizá sólo gimiendo desde nuestro corazón. El Señor escucha estas lenguas del corazón. Pablo dice: "Así mismo, en nuestra debilidad el Espíritu acude a ayudarnos. No sabemos qué pedir, pero el Espíritu mismo intercede por nosotros con gemidos que no pueden expresarse con palabras" (Rom. 8:26).

John Harper hizo una verdadera analogía cuando dijo: "Las lenguas son el lenguaje del corazón. Como un bebé está en los brazos de su madre y balbucea a su madre —y los dos entienden lo que él quiere decir. Así nosotros estamos en los brazos de Dios y le balbuceamos. Y los dos entendemos."[11] La única excepción que hago con esta declaración es que hablar en lenguas no es balbucear. Es un lenguaje que Dios milagrosamente da. Nuestro cuerpo es "templo del Espíritu Santo" (I Cor. 6:19), y nuestro "templo" debe ser casa de oración. Cuando oramos en el idioma que el Espíritu Santo nos da, comunicamos oraciones puras y poderosas al mismo trono de Dios. El Espíritu que habita en nosotros ama orar, y cuando estamos llenos del Espíritu Santo, tenemos un gran deseo de orar.

Viva por el Espíritu

Vivir por el Espíritu es vivir como Jesucristo vivió. Cada día usted puede escoger vivir una vida santa, ser sensible a la voluntad de Dios, y servir a Dios con todo su corazón. Quienes han sido bautizados en el Espíritu Santo desearán agradar a Cristo en todo lo que hacen.

Después de años de investigar a personas que habían recibido el bautismo en el Espíritu Santo, John Sherrill notó:

> De toda la variedad de experiencias con el Espíritu Santo, una cosa resultó cierta en cada caso. Sea que el bautismo haya venido calmadamente o con una explosión, de manera inesperada o después de una larga búsqueda, el resultado final fue traer al individuo más cerca de Cristo. Jesús dejó de ser una figura en las páginas de los libros de historia. Ni siquiera un recuerdo de alguna experiencia personal cumbre. Su Espíritu estaba con el creyente bautizado de manera siempre presente, mostrando a cada momento la naturaleza y personalidad de Cristo.[12]

Oswald Chambers dijo correctamente: "Hay algo que no podemos imitar: no podemos imitar ser llenos del Espíritu Santo."[13] Algo que me preocupa mucho es ver o escuchar a personas afirmar que son llenos del Espíritu Santo pero viven vidas que desagradan a Dios. No importa la clase de experiencias maravillosas que tales personas parezcan demostrar, cuánto hablen en lenguas, o la clase de poder que parezcan demostrar —si no glorifican a Cristo en su modo de vivir y en las cosas que dicen, ellas no están llenas del Espíritu Santo. O bien están engañadas o tratan de manipular a los demás. Semejante conducta es una burla a nuestro santo Dios. Hablaremos más de esto en el capítulo siguiente. Sin embargo, debemos recordar aquí que no debemos creer "a cualquiera que pretenda estar inspirado por el Espíritu, sino sométanlo a prueba para ver si es de Dios, porque han salido por el mundo muchos falsos profetas" (1 Juan 4:1). Una de las maneras que sabemos que alguien no es de Dios es que esa persona no actúa como Jesucristo o no vive una vida que demuestra que el Espíritu Santo vive en ella. Cuando las personas viven por el Espíritu, tienen un corazón delicado hacia las cosas de Dios y son sensibles a las necesidades de otros. Su forma de vivir incluirá arrepentimiento, perdón, santidad, sensibilidad a las cosas de Dios, valor, arrojo y poder.

Una vida de arrepentimiento

Pablo nos dice que nuestra naturaleza pecaminosa luchará contra el Espíritu que vive en nosotros. (Vea Gálatas 5:16-26.) Con esta batalla en marcha, necesitamos con frecuencia arrepentirnos de nuestra actitud, conversación o acciones. Podemos vivir una vida que agrada al Espíritu; sin embargo, si pecamos, necesitamos arrepentirnos. Juan dijo: "Mis queridos hijos, les escribo estas cosas para que no pequen. Pero si alguno peca, tenemos ante el Padre a un intercesor, Jesucristo, el Justo" (1 Juan 2:1). D. L. Moody dijo: "El hombre nace con su espalda hacia Dios. El arrepentimiento es un cambio de mente... El arrepentimiento es la lágrima en el ojo de la fe."[14]

Una vida de perdón

Cuando andamos en el Espíritu, pedimos perdón a las personas por lo que hemos dicho o hecho y perdonamos a los demás lo que han hecho en contra de nosotros. La vida llena del Espíritu es una vida que busca perdón de Dios (y Él perdona), buscamos perdón de otros. Alguien ha dicho que todo gran matrimonio está formado por dos que son grandes perdonadores. Una gran iglesia está formada por una gran cantidad de grandes perdonadores.

Cuando Andrew Jackson estaba siendo entrevistado para ser miembro de una iglesia, el pastor dijo: "General, hay una pregunta más para usted. ¿Puede usted perdonar a todos sus enemigos?" El general Jackson estaba silencioso mientras recordaba su tormentosa vida de amargo batallar. Entonces él respondió: "A mis enemigos políticos los puedo perdonar libremente; pero aquellos que me atacaron por servir a mi país y aquellos que difamaron a mi esposa –Doctor, ¡a ellos no puedo perdonarlos!"

El pastor aclaró a Jackson que antes de que pudiera ser miembro de esa iglesia y participar del partimiento del pan y de la copa, su odio y amargura debían ser confesados y tratados delante de Dios. De nuevo hubo un desagradable silencio. Entonces Jackson afirmó que si Dios le ayudaba, él perdonaría a sus enemigos.[15]

Los perdonadores y aquellos que piden perdón son "gente grande" que sirve a Dios quien es un gran perdonador.

Una vida de santidad

Cuando andamos en el Espíritu, vivimos una vida que es diferente del mundo que vivimos. No somos atrapados en las modas de este mundo sino que mantenemos nuestra vida pura. Estamos en el reino de Dios, no en el dominio de las tinieblas. El Espíritu Santo nos hará sensibles a lo que decimos y hacemos. Él guiará nuestra conciencia y nos ayudará a conocer lo que desagrada a Dios. Con cada relación, decisión y pensamiento, Él nos ayudará a conocer lo que honra a Cristo.

Una vida sensible a las cosas de Dios

Pablo nos dice: "El Espíritu lo examina todo, hasta las profundidades de Dios. En efecto, ¿quién conoce los pensamientos del ser humano sino su propio espíritu que está en él? Así mismo, nadie conoce los pensamientos de Dios sino el Espíritu de Dios. Nosotros no hemos recibido el espíritu del mundo sino el Espíritu que procede de Dios, para que entendamos lo que por su gracia él nos ha concedido" (1 Cor. 2:10-12). En esta porción de las Escrituras, Pablo explica que el Espíritu de Dios revelará a los creyentes las promesas profundas de Dios. Cada día Él nos hará conscientes de la voluntad de Dios y su plan para nuestra vida.

Una vida de valor, arrojo y poder

He visto personas tímidas volverse extrovertidas y valientes en su fe cuando andan en el Espíritu. He visto personas que luchan con temor volverse intrépidos en su vida y en su fe. He visto niños pequeños testificar a personas adultas con gran confianza. La vida guiada por el Espíritu es una vida de valor y arrojo. Samuel Chadwick dijo: "Pentecostés trajo a la iglesia luz, poder, gozo. Allí vino a cada uno iluminación del intelecto, seguridad de corazón, intensidad de amor, plenitud de poder, exuberancia de gozo. Nadie necesitaba preguntar si habían recibido el Espíritu Santo. El fuego es evidente por sí mismo. ¡Así también es el poder!"[16]

Cuando Pedro y Juan fueron advertidos para que no hablaran o enseñaran en el nombre de Jesús, ellos respondieron yendo a la comunidad cristiana y contarles sus amenazas. Sin duda que ellos estaban preocupados sobre lo que podía sucederles, pero su respuesta a las advertencias no los paralizó con temor o por lo menos los hizo bajar el paso. En vez de detenerse, ellos oraron pidiendo más valor para seguir predicando y enseñando acerca de Jesús. Ellos oraron:

> Ahora, Señor, toma en cuenta sus amenazas y concede a tus siervos el proclamar tu palabra sin temor alguno. Por eso, extiende tu mano para sanar y hacer señales y prodigios mediante el nombre de tu santo siervo Jesús.
>
> Después de haber orado, tembló el lugar en que estaban reunidos; todos fueron llenos del Espíritu Santo, y proclamaban la palabra de Dios sin temor alguno.
> Hechos 4:29-31

Dios lo capacitará para vivir una vida llena de valor y poder. En muchas ocasiones me he sentido temeroso o nervioso acerca de la situación que estaba enfrentando. En esas ocasiones me he vuelto a Dios en oración y le he pedido valor y fortaleza para enfrentar el momento. Él nunca me ha dejado en vergüenza. Pablo instruyó a Timoteo, su hijo en la fe, a que "Pues Dios no nos ha dado un espíritu de timidez, sino de poder, de amor y de dominio propio" (2 Tim. 1:7). A través del Espíritu Santo, usted puede tener poder espiritual que es más grande que el poder humano.

LA HISTORIA DEL DR. WILLIS C. HOOVER

A finales del siglo diecinueve, Willis C. Hoover, un doctor en medicina de Chicago, y su esposa decidieron solicitar nombramiento misionero con la Iglesia Metodista Episcopal y trasladarse a Chile. En ese tiempo ellos no se daban cuenta que Dios los usaría para levantar una creciente congregación de ochocientas personas y entonces enviar un avivamiento que afectaría a millones en Chile durante el siglo veinte.

El doctor Hoover había oído hablar del derramamiento de 1906 de la calle Azusa en los Ángeles. El nieto de Hoover recuerda: "El avivamiento encendió su interés y comenzó a estudiar la Biblia con empeño... Él reunió a su familia para momentos especiales de oración por avivamiento."

Una noche durante una reunión de oración mientras Hoover estaba de rodillas en la plataforma, se sobresaltó al escuchar personas orando en forma unida, a diferencia de la costumbre metodista. Entonces, cuando el Espíritu Santo descendió en una manera especial, la congregación habló en lenguas. Un deseo de evangelizar vino sobre la congregación, y comenzaron a ir a la comunidad para hablar a las personas acerca del evangelio de Jesucristo.

La noticia de lo que sucedió llegó al supervisor de Hoover, y se le ordenó detener las actividades pentecostales y la enseñanza de doctrinas pentecostales o él sería expulsado de la iglesia. La mente de Hoover se trasladó al siglo dieciséis, a Martín Lutero, quien tomó una posición que creía correcta. Hoover dijo: "Aquí estoy", haciendo eco de Lutero; "Dios me ayude. No puedo hacer de otra manera." Aproximadamente cuatrocientos miembros de la iglesia salieron con él y formaron la Iglesia Metodista Pentecostal.

Hoover perdió su apoyo financiero de los Estados Unidos, abandonó la denominación que él amaba, y se mantuvo en la fe que Dios le dio a él y a su congregación una preciosa promesa. Su nieto dijo: "Él nunca se movió de su creencia de que el avivamiento de 1909 vino del cielo."

Cuando Willis Hoover yacía moribundo en 1936, oró por otro gran avivamiento. Hoy millones de personas han recibido "la bendición" a lo largo de Chile y el resto de América Latina.[17] Esta puede ser también su experiencia.

CAPÍTULO 8

Los Peligros:
Excesos y Extremos

"*L*OS CHARLATANES RELIGIOSOS Y sus trucos han fascinado a los norteamericanos tanto como los milagros auténticos."[1] La gente desea tanto ver algo sobrenatural que creerán casi cualquier cosa.

Hace pocos años un notorio llamado sanador por fe y evangelista fue atrapado en el acto de engañar a la gente al hacerles creer que él estaba sanando a los miembros de su auditorio. Un reportero del *U. S. News and World Report* escribió:

> Probablemente la revelación más renombrada de un fraude en años recientes fue en 1986, cuando un equipo de investigación dirigido por el mago James Randi desafió los "dones divinos" reclamados por el reconocido sanador por fe Peter Popoff. Durante su punto más alto a mitad de los años 80, Popoff aparecía en más de cincuenta estaciones de TV y recaudaba $550,000 al mes de los seguidores que estaban asombrados de sus "poderes". Durante sus servicios, Popoff se acercaba a personas totalmente extrañas, mencionando sus nombres y direcciones y entonces diagnosticaba sus enfermedades. Él

atribuía sus habilidades al Espíritu Santo, pero Randi descubrió que, como el personaje de cine reverendo Nightengale, Popoff tenía cierta ayuda de un pequeño receptor de radio colocado en su oído. La esposa de Popoff, Elizabeth, y otros colaboradores recaudaban detalles personales de los miembros del auditorio antes de que comenzara el servicio, entonces se los pasaba al evangelista a través de sus audífonos. Después que Randi tocó las cintas que revelaban el fraude en el programa "The Tonight Show" [La función de la noche], las contribuciones de Popoff se secaron y él se declaró en bancarrota.[2]

Las farsas religiosas me preocupan grandemente. No sólo son una burla para las verdaderas sanidades y milagros sobrenaturales, sino que también se aprovechan del dolor y el sufrimiento de las personas. Muchos asisten a esas reuniones con la total expectación de que recibirán una respuesta para las crisis en su vida. Algunos vienen con enfermedades físicas o en etapa terminal, y algunos están en gran necesidad de un milagro financiero. Muchos vienen porque están en agonía a causa de una relación que los devastó o desesperadamente anhelan relacionarse con un Dios sobrenatural. Por cualquier razón, ellos vienen —a veces por miles— los curiosos, los que anhelan, los que necesitan. Tristemente, algunas personas muy malas se aprovechan del sufrimiento humano, aun en servicios religiosos. Pedro nos dice que personas como estas "recibirán el pago justo por sus injusticias" (2 Pedro 2:13).

En el mismo artículo, el *U. S. News and World Report* declara:

Otros milagros, como las estatuas que lloran, son aun más fáciles de manipular. De hecho, los charlatanes han manipulado trucos al menos desde el siglo dieciséis, cuando una monja portuguesa falsificó cicatrices al pintarse heridas en sus manos y pies. En 1986, un hombre de Montreal llamado Jean-Guy-Beauregard atrajo miles de visitantes cuando reportó que su estatua de la Virgen María y otros íconos lloraban lágrimas — y en algunos casos sangre. Pero después de que la *Canadian Broadcasting Corporation* tomó la estatua y la llevó al laboratorio, los investigadores descubrieron una mezcla de grasa de puerco

y res y la propia sangre de Beauregard en el rostro de yeso.
Cuando el calor en la habitación aumentaba, la grasa se licuaba
y la "sangre" goteaba.[3]

Otros "milagros" a veces son ilusiones ópticas. Hace varios años
miles de personas abarrotaron una iglesia en Colfax, California, para ver
una imagen en la pared supuestamente de la Virgen María, la que después
resultó ser luz solar que reflejaba de un nuevo accesorio de iluminación.[4]

¿MILAGROS VERDADEROS O FALSOS?

No hay duda de que Satanás tratará de distraer o engañar a las personas
mediante el uso de falsos maestros, falsos profetas, e incluso falsos apóstoles. Tan
increíble como parece, algunas de estas personas tendrán la habilidad de manifestar señales milagrosas sobrenaturales legítimas, y quienes son espiritualmente
ingenuos serán impresionados por sus poderes espirituales. Estas evidencias de
poder sobrenatural exhibidos por no cristianos es llamado "milagros, señales y
prodigios falsos" (2 Tes. 2:9). Pablo pudo haber estado pensando en milagros
falsos cuando advirtió que "El Espíritu dice claramente que, en los últimos
tiempos, algunos abandonarán la fe para seguir a inspiraciones engañosas y
doctrinas diabólicas" (1 Tim. 4:1). De las Escrituras entendemos que si una
manifestación espiritual sucede a través de la vida de una persona envuelta en
lo oculto, la manifestación no procede de Dios; procede de Satanás. Algunas
personas se impresionan tanto por alguna señal milagrosa inspirada por demonios o por el carisma de un maestro falso que decidirán seguir a un dios
falso que tenga apariencia de verdadero.

En contraste, algunos han cometido el error de pensar que ninguna
señal, maravilla y manifestación procede de Dios, o al menos sospechan
que sea falsa. Es fácil entender por qué personas que han sido engañadas por artistas del fraude religioso no confiarían en una persona que
afirma tener un ministerio en el cual la sanidad o los milagros ocurren.
Requerirá tiempo vencer el daño que han recibido.

Debemos usar discernimiento para determinar la verdad del error, y no
debemos pensar automáticamente que las manifestaciones milagrosas son
un engaño satánico o una manipulación sicológica. Dios usó a Moisés para

realizar señales milagrosas ante Faraón cuando él demandaba la liberación de los israelitas de la cautividad de Egipto. La vara de Moisés fue arrojada al suelo, y se volvió una serpiente. (Vea Éxodo 7:10.) Moisés extendió su mano y su vara sobre el agua del Nilo y el agua se volvió sangre. Moisés sostuvo su vara "sobre ríos, arroyos y lagunas... y las ranas llegaron a cubrir todo el país" (Éxodo 8:5-6). Es interesante, sin embargo, que la Biblia diga: "También los magos egipcios hicieron lo mismo" (Éx. 7:11, 22; 8:7). Hasta un punto, ellos tuvieron la habilidad de duplicar las manifestaciones milagrosas, pero finalmente su habilidad para realizar estos milagros falsos fue reducida. Debemos recordar que Satanás tiene una cantidad limitada de poder sobrenatural necesario para manifestar señales milagrosas, y su habilidad sobrenatural siempre se queda corta del poder milagroso de Dios.

Pablo dijo a los Tesalonicenses que el anticristo "vendrá, por obra de Satanás, con toda clase de milagros, señales y prodigios falsos. Con toda perversidad engañará a los que se pierden" (2 Tes. 2:9-10). No obstante, Pablo tambié n escribió a la iglesia de Corinto y describió milagros, señales y maravillas, y los dones espirituales que deben operar dentro del cuerpo de Cristo. Satanás tratará de duplicar los dones sobrenaturales de Dios tanto como pueda – hasta su final. Él es el maestro de la falsificación, de modo que no debe sorprendernos cuando vemos o escuchamos de alguien que no es cristiano demostrando alguna clase de manifestación sobrenatural.

Las Escrituras dicen claramente que las falsificaciones ocurrirán, pero eso no debe hacernos dudar de los actos de poder de Dios a través de individuos en su Iglesia. Veremos más abuso de parte de agentes enemigos y más incomprensión de los verdaderos dones de Dios a medida que nos adentramos en el siglo veintiuno. Sin embargo, nunca debemos permitir que la inmadurez, los motivos falsos, o los abiertos intentos de engañar de algunas personas nos impidan creer que los dones sobrenaturales de Dios son para nosotros hoy y son parte de su estrategia para alcanzar a este mundo perdido y moribundo.

No todas las manifestaciones milagrosas proceden de Dios. Ellas pueden venir del enemigo de nuestras almas, pueden también ser la manipulación de circunstancias que una persona ha ideado, o pueden ser tal vez el manejo imprudente de los dones sobrenaturales de Dios por parte de un cristiano inmaduro. En su libro *Surprised by the Power of the Spirit* [Sorprendido por el poder del Espíritu], Jack Deere llega a estas conclusiones acerca del abuso espiritual:

La presencia de abusos y aun de impureza en grupos cristianos donde ocurren milagros no prueba que los milagros no proceden de Dios, no más que como lo hicieron en Corinto. Segundo, la presencia de error doctrinal en grupos cristianos donde ocurren milagros no prueba que los milagros no tengan valor, no más que como lo hicieron en las iglesias de Galacia. Tercero, los milagros no confirman ni apoyan el distintivo doctrinal o las prácticas de iglesias o grupos cristianos individuales. Los milagros en Galacia no apoyaron la enseñanza herética allí no más que el don de milagros en Corinto apoyó el abuso de éstos de la cena del Señor. De acuerdo a las Escrituras, hay sólo un mensaje que los milagros del Nuevo Testamento apoyan o confirman, y ese es el mensaje del evangelio respecto a la persona y obra de Jesucristo.[5]

A través de los siglos, Dios consistentemente ha usado las señales milagrosas para ayudar a sus hijos y demostrar su poder. Los milagros suceden porque tenemos un Dios maravilloso, creativo y amoroso que quiere dar a conocer su poder y darse a conocer Él mismo a la humanidad.

Corrie Ten Boom relató la historia de un milagro así:

Cuando los rebeldes avanzaron a una escuela donde vivían doscientos hijos de misioneros, ellos planearon matar a los niños y a los maestros. En la escuela sabían del peligro y por tanto se dedicaron a orar. Su única protección era una barda y un par de soldados, mientras que el enemigo, que cada vez se acercaba más, amontonó varios cientos. Cuando los rebeldes se acercaban, de repente algo sucedió: ¡Ellos dieron la vuelta y huyeron! El día siguiente sucedió lo mismo y de nuevo el tercer día. Uno de los rebeldes resultó herido y fue traído al hospital de la misión. Cuando el doctor estaba curando sus heridas, le preguntó: "¿Por qué no entraron a la escuela como habían planeado?" "No pudimos hacerlo. Vimos cientos de soldados en uniforme blanco y nos asustamos." En África los soldados nunca portan uniforme blanco, ¡así que deben haber sido ángeles!"[6]

La historia de Corrie nos recuerda un suceso en la vida del apóstol Pedro. Pedro estaba en prisión, pero la iglesia oraba intensamente a Dios por él. La noche antes de que Herodes lo trajera a juicio, Pedro dormía entre dos soldados, atado con cadenas, y guardias vigilando la entrada. De repente un ángel del Señor apareció y una luz brilló en la celda. El ángel le dio unas palmadas en el costado y lo despertó. "¡Date prisa, levántate!" Y las cadenas cayeron de las manos de Pedro:

> Le dijo además el ángel: "Vístete y cálzate las sandalias." Así lo hizo, y el ángel añadió: "Échate la capa encima y sígueme." Pedro salió tras él, pero no sabía si realmente estaba sucediendo lo que el ángel hacía. Le parecía que se trataba de una visión. Pasaron por la primera y la segunda guardia, y llegaron al portón de hierro que daba a la ciudad. El portón se les abrió por sí solo, y salieron. Caminaron unas cuadras, y de repente el ángel lo dejó solo.
> Hechos 12:8-10

Milagros, señales y maravillas, y legítimos sucesos sobrenaturales ocurren, pero no todos los milagros proceden de Dios. Jack Deere escribe:

> Es innegable que hay abusos significativos dentro de algunos grupos que creen y practican los dones del Espíritu. He sido testigo de emocionalismo, exageraciones, elitismo, palabras proféticas usadas de manera controladora y manipuladora, y una falta de fundamento bíblico en varias reuniones y movimientos. Yo no diría, sin embargo, que esto es cierto de la mayoría de los

grupos que practican los dones del Espíritu. Y encuentro que los líderes que conozco personalmente entre estos movimientos son rápidos para corregir estos excesos y abusos.[7]

No es poco común que manifestaciones inusuales y quizá controversiales sean parte de las reacciones de las personas a la presencia de Dios. En tiempos de gran avivamiento siempre ha habido mal entendidos acerca de manifestaciones, excesos, decisiones imprudentes y aun personas que falsifican una manifestación que ellos ven en otra persona, pensando que recibirán la misma atención por su actividad.

Jonathan Edwards fue un formidable pastor del siglo dieciocho que fue testigo de manifestaciones inusuales en sus cultos y se preocupó lo suficiente como para hablar de estos temas en varios de sus escritos. Un punto que él continuamente resaltó fue que debía tenerse cuidado en no decir que un gran movimiento de Dios estaba sucediendo cuando uno veía solo manifestaciones. Él sentía correctamente que el fruto en la vida de una persona y el efecto positivo en la comunidad era la prueba crítica de que Dios había hecho la obra. En *Distinguishing Marks of a Work of the Spirit of God* [Cómo Distinguir las marcas de una obra del Espíritu de Dios], él dice:

> Una obra no debe ser juzgada por ninguno de los efectos en los cuerpos de los hombres, tales como lágrimas, temblores, gemidos, llanto, agonía del cuerpo, o el debilitamiento del cuerpo... No es argumento de que una obra no es del Espíritu de Dios porque quienes lo han recibido han tenido cierta clase de éxtasis, en el cual han sido llevados más allá de sí mismos, y sus mentes han sido transportadas en un tren de fuertes y agradables... visiones, como si hubiesen sido raptados al mismo cielo, y desde allí contemplar gloriosas visiones. He sido informado de algunos de tales casos, y no veo necesidad de ayudar al diablo atribuyéndole estas cosas.[8]

Juan Wesley escribió de su amigo cercano George Whitefield el 7 de julio, 1739:

Tuve la oportunidad de hablar con él acerca de esas señales externas, que con frecuencia han acompañado la obra interior de Dios. Encontré que sus objeciones estaban basadas principalmente en toscas tergiversaciones de los hechos. Pero al día siguiente él tuvo la oportunidad de informarse mejor por sí mismo: Apenas acababa de comenzar (en la aplicación de su sermón) a invitar a todos los pecadores a creer en Cristo, cuando cuatro personas cayeron cerca de él, casi al mismo momento. Una de ellas yacía sin sentido o movimiento; la segunda temblaba mucho; la tercera tenía fuertes convulsiones en todo su cuerpo, pero no hacía ruido, excepto por gemidos; la cuarta, que también convulsionaba, clamaba a Dios, con fuerte llanto y lágrimas. Confío que a partir de este tiempo, todos permitiremos que Dios lleve a cabo su propio trabajo de la manera que le plazca a Él.[9]

En su libro *The Life and Travels of George Whitefield, M. A.* [La vida y viajes de George Whitefield, M. A.], James Patterson Gledstone escribe:

No tenía mucho hablando cuando percibió que los números disminuían; mientras seguía la influencia aumentaba, duraba hasta el final, tanto en la mañana como en la tarde, miles clamaban, hasta casi ahogar su voz. "Oh, cuánto clamor y lágrimas," decía él. "¡Fueron derramadas por nuestro querido Señor Jesús! Algunos se desmayaban, y cuando tomaban un poco de fuerza, escuchaban y volvían a desmayarse. Otros clamaban casi como si estuvieran en una aguda agonía. Y después que terminé mi último discurso, yo mismo estaba tan abrumado con una sensación del amor de Dios, que casi me quita la vida." El día siguiente, en la finca de Fog, donde Blair era ministro, la congregación era tan grande como la de Nottingham, e igual de numerosa, dice Whitefield, "si es que no más numerosa, la gente estaba conmocionada en su corazón. La gente estaba ahogada en lágrimas. La palabra era más cortante que espada de dos filos, y sus amargos clamores y quejidos eran suficientes para penetrar el corazón más duro. ¡Qué diferentes semblantes íbamos a ver! Algunos estaban pálidos que parecían muertos, otros torcían sus manos, otros yacían en el suelo, otros se hundían en los brazos de sus amigos, y la mayoría levantaba sus ojos al cielo, clamando por la misericordia de Dios."[10]

En numerosas ocasiones, el propio Juan Wesley fue testigo de manifestaciones durante su predicación. Él escribe en su diario:

[19 de julio, 1757:] Prediqué en un terreno al lado de la casa. Hacia la conclusión de mi sermón, la persona donde me hospedaba estaba muy molesta por alguien que yacía en el suelo y clamaba en voz alta por misericordia. Ella misma cayó enseguida, y clamaba tan alto como la primera, igual sucedió con varios más inmediatamente después. Cuando se oró por ellos, una fue llena con paz y gozo en la fe.[11]

Sábado, 14 de junio, 1759: El señor Berridge, al estar enfermo, quiso que yo hablara a unas pocas personas en su casa, lo que el Señor me capacitó hacer con tanta facilidad y poder que yo estaba un tanto sorprendido. La mañana siguiente, a las siete, su sirviente, Caleb Price, habló a cerca de doscientas personas. El Señor estaba presente de manera maravillosa, más de veinte personas sintieron las flechas de convicción. Varias cayeron al suelo, algunas de ellas parecían estar muertas, otras en las agonías de la muerte, la violencia de sus convulsiones corporales superaban toda descripción. Había allí tan grande llanto y agonía en la oración, mezclada con profundos y mortales gemidos en cada lado... Una niña de siete años, tiene muchas visiones y asombraba a los vecinos con su manera inocente e impresionante de declararlas... Algunos que se les remordió el corazón fueron afectados de manera asombrosa. El primer hombre que miré herido habría caído, pero otros lo detuvieron en sus brazos y lo sostuvieron, pero era casi imposible mantenerse que hizo que todos ellos se tambalearan y temblaran. Sus propias sacudidas excedían la de un vestido en el viento. Parecía como si el Señor hubiese venido sobre él como un gigante, tomándolo de la nuca y sacudiendo todos sus huesos… Otro gritaba en una agonía tan espantosa como no he visto jamás… Algunos permanecieron largo tiempo como si estuvieran muertos, pero con una dulce calma en sus rostros.[12]

Lunes, 6 de agosto de 1759:… Hablé largamente con Ann Thorn y otros dos, que varias veces han estado en trance. En lo que todos estaban de acuerdo era: (1) que cuando ellos se iban, como ellos lo llamaron, fue siempre en un tiempo cuando estaban más llenos del amor de Dios; (2) que venía sobre ellos en un momento, sin previo aviso, y quitaba toda sensación y fuerza; (3) que había algunas excepciones, pero en general, desde ese momento ellos estaban en otro mundo, sin saber nada de lo que decían o hacían quienes los rodeaban… He observado que en general estos síntomas externos forman parte del comienzo de un trabajo general de Dios. Así fue en Nueva Inglaterra, Escocia, Holanda, Irlanda y en muchas partes de Inglaterra; pero después de un tiempo, ellos gradualmente decrecen, y el trabajo avanza de manera más tranquila y callada.[13]

Charles Finney experimentó algo de la misma clase de manifestaciones en su ministerio. Él escribe en sus memorias:

[En Adams, Nueva York, en 1822:] Antes de que se acabara la semana aprendí que algunos, cuando tratan de observar esta época de oración, pierden toda su fuerza y son incapaces de ponerse en pie, o aun de arrodillarse en su armario.[14]

[En Antwerp, Nueva York,] La congregación comenzó a caer de sus asientos en todas direcciones, y clamaban pidiendo misericordia. Si yo tuviera una espada en cada mano, no podría haberlos sacado de sus asientos tan rápido como caían.[15]

Como Jonathan Edwards experimentó formidable avivamiento, él estuvo también preocupado de que se dieran directrices bíblicas a las manifestaciones que ocurrían. Edwards se volvió a las Escrituras y encontró cinco indicaciones claras de una obra del Espíritu de Dios. Él sintió que estas características marcaban el genuino avivamiento.

1. Reconocimiento de Cristo
Juan escribió: "En esto pueden discernir quién tiene el Espíritu de Dios: todo profeta que reconoce que Jesucristo ha venido en cuerpo humano, es de Dios; todo profeta que no reconoce a Jesús, no es de Dios sino del anticristo. Ustedes han oído que éste viene; en efecto, ya está en el mundo" (1 Juan 4:2-3).

2. Ataque sobre el reino de Satanás
"Ustedes, queridos hijos, son de Dios y han vencido a esos falsos profetas, porque el que está en ustedes es más poderoso que el que está en el mundo. Ellos son del mundo, y el mundo los escucha" (1 Juan 4:4-5).

Los falsos maestros que vivieron durante el tiempo de Juan trataron de infiltrar la joven iglesia con una versión distorsionada de la conversión y de la vida cristiana. En contraste con el reino de Cristo hay un "sistema mundial" satánico.

El verdadero avivamiento siempre trata con seriedad el pecado, enfocando su atención en la santidad y el reino de Dios. Aquellos afectados por el Espíritu de Dios típicamente muestran un fuerte rechazo por cualquier cosa corrupta, perseguir placer, aplauso y ganancia monetaria del ministerio.

3. Interés por las Escrituras
"Nosotros somos de Dios, y todo el que conoce a Dios nos escucha; pero el que no es de Dios no nos escucha. Así distinguimos entre el Espíritu de la verdad y el espíritu del engaño" (1 Juan 4:6). Dios usó a los apóstoles para completar el canon de las Escrituras que ahora permanecen como el depósito definitivo de verdad. Así como la Biblia fue dada por el Espíritu, así el Espíritu sigue atrayendo hombres, mujeres y niños a sus páginas. El verdadero avivamiento no hace que la gente anhele

nuevas revelaciones mientras que sus Biblias permanecen sin ser abiertas. El verdadero avivamiento guía a las personas a deleitarse en la Palabra de Dios. Edwards dice: "El diablo siempre ha mostrado un desprecio mortal y odio hacia ese libro sagrado, la Biblia: él ha hecho lo que está en su poder para extinguir esa luz, y alejar a los hombres de ella: él sabe que es esa luz por la cual su reino de tinieblas será derribado."[16]

4. Compromiso con la verdad

"Así distinguimos entre el Espíritu de la verdad y el espíritu del engaño" (1 Juan 4:6). Sabemos que el maligno es un mentiroso y que su reino son tinieblas, "pero todo lo que la luz pone al descubierto se hace visible" (Ef. 5:13). En un auténtico avivamiento, el Espíritu dirige a las personas a la verdad, y ellos llegan a convencerse de la veracidad de la Biblia. Este compromiso con la verdad debe reflejarse en la enseñanza y conducta del liderazgo cristiano también. Pablo reconoció que su ministerio era un don y que él mismo no era la fuente de su poder que cambiaba vidas; era Dios. En contraste con quienes edifican sus ministerios en la fuerza de sus talentos humanos, él escribió: "Más bien, hemos renunciado a todo lo vergonzoso que se hace a escondidas; no actuamos con engaño ni torcemos la palabra de Dios. Al contrario, mediante la clara exposición de la verdad, nos recomendamos a toda conciencia humana en la presencia de Dios" (2 Cor. 4:2).

5. Amor por Dios y por otros

"Queridos hermanos, amémonos los unos a los otros, porque el amor viene de Dios, y todo el que ama ha nacido de él y lo conoce. El que no ama no conoce a Dios, porque Dios es amor... Y él nos ha dado este mandamiento: el que ama a Dios, ame también a su hermano" (1 Juan 4:7-8, 21).

Las Escrituras presentan una clara imagen del verdadero amor: Jesús entregando su vida por la nuestra en la cruz del Calvario. "Nadie tiene amor más grande que el dar la vida por sus amigos" (Juan 15:13). Cuando Jesús dijo a sus discípulos, "si ustedes me aman obedecerán mis mandamientos" (Juan 14:15), Él estaba ligando inseparablemente el amor por Él con una forma de vida de obediencia a sus palabras y, en verdad, a toda la Palabra de Dios.

En términos bíblicos, simplemente no hay amor sin obediencia ni obediencia sin verdad.[17]

ORDEN EN LA IGLESIA

Hace poco recibí una llamada telefónica de un pastor que me dijo que uno de los líderes de su iglesia le había informado que tenía una "palabra de parte del Señor" diciendo que el pastor debía dejar la iglesia. No hace falta decir que el pastor se alarmó y por pocos días estuvo confundido acerca de esta supuesta profecía personal. Ni el pastor ni la congregación en general tenía alguna indicación de que el Señor quería que él dejara la iglesia. De hecho, la iglesia había crecido de manera importante a través de los años, y estaba teniendo buen impacto en la comunidad a favor del reino de Dios.

El líder de la iglesia sentía que la iglesia no estaba haciendo algunas cosas que él pensaba que eran importantes, y mientras oraba sintió la impresión de que la iglesia necesitaba un nuevo pastor. Entonces él habló con algunas personas que tenían la misma opinión. Ellos comenzaron a reunirse para discutir y orar acerca de la situación y juntos percibieron que sus sentimientos eran la voluntad de Dios. Como resultado, ellos le dieron al pastor lo que definieron como una "profecía personal".

El pastor se reunió con la junta de la iglesia, y ellos por unanimidad estuvieron de acuerdo que la persona había sido desleal y no había escuchado de Dios respecto a esta situación. La junta enfrentó de inmediato al hombre que había dado la profecía y le pidieron renunciar a su posición de liderazgo a menos que cambiara de opinión. La persona y el pequeño grupo que estaba con él abandonaron la iglesia, y no es de sorprender que la congregación tuviera un mayor sentido de unidad desde que ellos salieron.

La profecía personal es algo con lo que necesitamos tener precaución. ¿Usa Dios la profecía personal? La respuesta es sí. (Usted leerá un ejemplo asombroso en el siguiente capítulo.) Sin embargo, debe ser bíblica, debe apoyar el testimonio de lo que Dios nos ha estado hablando, y debe tener la bendición de los líderes espirituales.

(Vea Hechos 13:1-5, 10-14.) Gran confusión y daño pueden venir a la vida de una persona o, como en la situación mencionada antes, a toda la iglesia, cuando se le permite a la gente dar lo que ellos llaman profecías personales – sin escrutinio.

En la descripción de Pablo de los dones espirituales, él dice: "Quiero que entiendan bien este asunto" (1 Cor. 12:1). Debemos saber acerca de ellos y saber que hay una manera apropiada de usarlos. Antes, en el capítulo 6, consideramos los dones y el hecho de que cada miembro tiene al menos un don. También es importante entender cómo usar apropiadamente los dones. Podemos dividir la enseñanza de Pablo sobre este tema en tres principios: el principio de la importancia individual (1 Cor. 12), el principio del amor (1 Cor. 13), y el principio del orden (1 Cor. 14).

EL PRINCIPIO DE LA IMPORTANCIA INDIVIDUAL (1 CORINTIOS 12)

Cada miembro del cuerpo de Cristo tiene al menos un don espiritual, y cada miembro es importante. Es el plan de Dios para la iglesia que ésta funcione como una unidad así como nuestro cuerpo físico funciona como una unidad. Necesitamos nuestros ojos, brazos, corazón, riñones, y todo lo demás para funcionar de manera sana; y el cuerpo de Cristo necesita a cada persona y cada don para tener el máximo impacto en una comunidad.

De hecho, aunque el cuerpo es uno solo, tiene muchos miembros, y todos los miembros, no obstante ser muchos, forman un solo cuerpo. Así sucede con Cristo. Todos fuimos bautizados por un solo Espíritu para constituir un solo cuerpo – ya seamos judíos o gentiles, esclavos o libres –, y a todos se nos dio a beber de un mismo Espíritu.
1 Corintios 12:12-13

Somos parte de un cuerpo mundial de creyentes en Jesucristo, y debemos depender el uno del otro. En su comentario a los Corintios, William Barclay escribe:

1. Debemos darnos cuenta que nos necesitamos el uno al otro. No puede haber tal cosa como aislamiento en la iglesia. Con demasiada frecuencia las personas en la iglesia se absorben tanto en la parte del trabajo que están haciendo y están tan convencidos de su suprema importancia que descuidan o aun critican a quienes han escogido hacer otro trabajo. Si la iglesia va a ser un cuerpo sano, necesitamos el trabajo que cada uno puede hacer.

2. Debemos respetarnos unos a otros. En el cuerpo no hay duda de la importancia relativa. Si algún miembro o algún órgano cesa de funcionar, todo el cuerpo funciona mal. Es igual con la Iglesia. "Todo servicio tiene la misma importancia con Dios." En el momento que comenzamos a pensar en nuestra propia importancia en la iglesia cristiana, la posibilidad de un verdadero trabajo cristiano se ha ido.

3. Debemos compadecernos el uno del otro. Si alguna parte del cuerpo es afectada, todas las demás sufren con compasión porque no pueden ayudar. La iglesia es un todo. La persona que no puede ver más allá de su organización, la persona que no puede ver más allá de su propia congregación, peor aun, la persona que no puede ver más allá de su propio círculo familiar, ni siquiera ha comenzado a comprender la verdadera unidad de la iglesia.[18]

EL PRINCIPIO DEL AMOR (1 CORINTIOS 13)

Nuestra motivación para utilizar los dones que Dios nos ha dado debe ser siempre el amor. Nunca usamos un don dado por Dios por egoísmo, orgullo o arrogancia. Operamos en los dones del Espíritu movidos por el amor a Dios, su cuerpo (otros cristianos), y el mundo al que somos llamados alcanzar para su gloria. Somos motivados por amor; por tanto, estamos intensamente interesados en el bienestar de las personas a las que servimos al usar los dones espirituales dados por Dios. Pablo dijo: "El amor jamás se extingue, mientras que el don de profecía cesará, el de lenguas será silenciado y el de conocimiento desaparecerá. Porque conocemos y profetizamos de manera imperfecta; pero cuando llegue lo perfecto, lo imperfecto desaparecerá... Ahora, pues, permanecen estas tres virtudes: la fe, la esperanza y el amor. Pero la más excelente de ellas es el amor" (I Cor 13:8 10, 13).

Si las personas tienen dones dinámicos y habilidades carismáticas, pero no demuestran el amor de Dios en lo que hacen y dicen, no les preste atención. Los dones de Dios y el amor trabajan de la mano. El amor de Dios nos motiva a ministrar a las personas a la manera de Dios. Debemos sinceramente cuidar, tener compasión y querer ayudar a las personas porque Dios lo hace. Más importante que el don que usamos es cómo demostramos el amor de Dios hacia otros. Agustín dijo: "¿A qué se parece el amor? Tiene las manos para ayudar a otros. Tiene los pies para apresurarse hacia el pobre y el necesitado. Tiene los ojos para ver la miseria y la necesidad. Tiene los oídos para escuchar los sollozos y las aflicciones de los hombres. Así es como se ve el amor."[19]

EL PRINCIPIO DE ORDEN (I CORINTIOS 14)

Debemos ser sensibles para usar los dones del Espíritu en el momento apropiado. Hay tres directrices que debemos entender. Primero, todos los dones son importantes para el bienestar de la iglesia. Segundo, todo en el cuerpo es importante y los dones dados por el Espíritu Santo. Tercero, el número de veces que ciertos dones (lenguas y profecías) deben usarse en un culto es limitado.

Las personas pueden volverse egoístas, diciendo: "Quiero usar mi don" o "Mi don es más importante que sus dones." Esta no es una actitud de amor o cooperación. El teólogo Gordon Fee escribe: "Cada uno tiene algo con que contribuir, y todo debe hacerse para edificar. Esto es seguido por directrices, primero para las lenguas e interpretación (I Cor. 14:27-28) y luego para la profecía y el discernimiento (vv. 29-31). La inspiración cristiana no está fuera de control, porque Dios mismo no es así; y esto se aplica a todas las congregaciones de los santos."[20]

Pablo le dice a la Iglesia que cada vez que se da un mensaje en lenguas en el culto en la iglesia, debe haber una interpretación (I Cor. 14:27-28). La interpretación puede ser dada por alguien más en la congregación o por la persona que dio el mensaje. Pablo instruye a la iglesia acerca de cuántas profecías deben darse durante un culto en la iglesia (v. 29). Y él enseña que la profecía debe ser pesada con cuidado y juzgada para determinar si procede de Dios o no. "Porque Dios no es un Dios de desorden sino de paz" (I Cor. 14:33), y "todo debe hacerse de una manera apropiada y con orden" (I Cor. 14:40).

CÓMO RECONOCER LAS MANIFESTACIONES FALSAS O A LOS FALSOS MAESTROS

I. ¿El culto se lleva a cabo de manera bíblica?

¿Se usa la Biblia como la autoridad final para todo lo que se comunica, y se usa para confirmar todo lo que sucede en el servicio? A medida que participa en la adoración y observa la predicación, ¿cuál es su impresión general del servicio? ¿Siente que todo lo que ha sucedido puede ser apoyado con las Escrituras? Esto es crítico, porque la Biblia debe ser creída y obedecida como la autoridad final en todas las cosas que corresponden a la piedad y a la vida. (Vea Mateo 5:17-19; Juan 14:21; 15:10; 2 Timoteo 3:15-16; 2 Pedro 1:3.) Dios no necesita el intento humano para manipular un milagro. Dios nunca opera con deshonestidad. Carlos Spurgeon dijo: "El Espíritu Santo nunca pondrá su sello sobre la falsedad. ¡Nunca! Si lo que usted predica no es la verdad, Dios no lo aprobará. Si no hablamos la clara doctrina con plenitud de discurso, el Espíritu Santo no pondrá su firma a nuestro vacío charlatán."[21]

Las Escrituras deben ser usadas en la iglesia como la autoridad final en todos los asuntos de enseñanza, reprobación, corrección, doctrina e instrucción en la vida recta. (Vea 2 Timoteo 3:16-17.) Si ocurren manifestaciones y no existe apoyo bíblico, instrucción, o da como resultado fruto bíblico, entonces debe tener cuidado o rechazar la experiencia como algo que no procede de Dios. Los milagros pueden ser falsificados, así que debemos poner nuestra confianza en Cristo mediante su Palabra. La Biblia es un libro sobrenatural que nos ha sido dado por un

Dios sobrenatural para entender la verdad de lo falso, lo real de lo irreal, y los milagros legítimos de los milagros falsos.

2. ¿Es el líder un cristiano?

En su libro *Explorando el futuro*, John Phillips escribe:

> Pocas personas se dan cuenta, pero el ocultismo está a la raíz del mormonismo, una de las sectas religiosas de más rápido crecimiento mundial. Los líderes de la secta saben la verdad; el hecho de que José Smith y otros prominentes padres fundadores del mormonismo se valieron del espíritu del mundo está demasiado bien documentado como para negarlo.[22]

El finado Walter Martin, quien probablemente fue el más versado en la historia y la doctrina del mormonismo que cualquier otro en los Estados Unidos, ha expuesto y documentado la verdad en *El laberinto del mormonismo*. Martin nos dice:

> …José Smith fue un ocultista que usó unas "piedras especiales" para ayudarle a traducir su Biblia. Wilford Woodruff, uno de los primeros presidentes de la secta mormona, habló abiertamente de sus experiencias ocultistas. Él afirmó haber recibido visitas de José Smith, Brigham Young, y Heber C. Kimball en varias ocasiones. Estos fundadores del mormonismo prestaron atención a "las doctrinas de demonios." Pablo advirtió de ello e indicó que sus enseñanzas serían una característica de los últimos días. El hecho de que el mormonismo pone un frente respetable para el consumo público no altera su oscuro pasado. Sus doctrinas antibíblicas confirman la fuente de inspiración ocultista. Tampoco los actuales líderes del mormonismo repudian a los fundadores del movimiento. Al contrario, ellos los glorifican y presentan versiones cuidadosamente editadas de su historia al público para el consumo de las masas.[23]

Siempre existe la posibilidad de que otro tipo de José Smith pueda surgir y engañar a muchos. Los líderes carismáticos periódicamente han hecho esto a través de la historia. Ellos pueden empaquetar su enseñanza con versículos de la Biblia y aun aparentar alguna clase de autoridad espiritual. Debemos preguntarnos, sin embargo, si esa persona tiene un conocimiento de salvación del Señor resucitado, Jesucristo. Y si todo lo que esta persona enseña tiene apoyo en las Escrituras.

También debemos estar al tanto de que dentro de las iglesias puede haber muchos que no están bien con Dios o que no conocen a Dios. Jesucristo advirtió que no todos los que profesan su nombre son creyentes verdaderos. (Vea Mateo 7:21). Además de ministros, esto puede incluir maestros, escritores de libros "cristianos", misioneros, evangelistas, diáconos, o líderes de la iglesia. El comentarista Donald Stamps escribe:

> Estos impostores alcanzan un lugar de influencia en la iglesia de dos maneras: (a) Algunos falsos maestros o predicadores comienzan su ministerio con sinceridad, verdad, pureza y genuina fe en Cristo, entonces debido a su orgullo y sus propios deseos inmorales, el compromiso personal y el amor a Cristo gradualmente muere; consecuentemente, son separados del reino de Dios (vea I Corintios 6:9-10; Gálatas 5:19-21; Efesios 5:5-6) y se vuelven instrumentos de Satanás mientras se disfrazan como ministros de justicia, (2 Corintios 11:15); (b) Otros falsos maestros o predicadores nunca han sido creyentes genuinos en Cristo; Satanás los ha plantado dentro de la iglesia desde el principio de su ministerio (vea Mateo 13:24-28, 36-43), usando su habilidad y carisma y ayudando en su éxito; su estrategia es colocarlos en posiciones de influencia de manera que puedan minar la obra genuina de Cristo; si son descubiertos o expuestos, Satanás conoce el enorme daño que vendrá al evangelio y que el nombre de Cristo será avergonzado.[24]

3. ¿Demuestran el líder y los milagros que le acompañan frutos de Dios?

Un falso maestro con frecuencia omitirá a propósito porciones de la Palabra de Dios y como resultado producirá conversos que no se comprometen con toda la Biblia. La vida del líder puede no demostrar una devoción sincera a Dios. Es también útil saber si el líder es responsable con las finanzas. Si el fruto piadoso no es parte de la vida o ministerio de la persona, podemos estar seguros que esa persona no es de Dios.

4. ¿Le da testimonio su espíritu durante la reunión?
Aun cuando nuestros sentimientos pueden estar equivocados acerca de un individuo o una experiencia, es importante escuchar nuestras emociones. ¿Cómo nos sentimos acerca de lo que la persona está predicando? ¿Nos sentimos incómodos? ¿Nos hallamos preguntando sobre los motivos de la persona o si estamos viendo una manipulación de sucesos o de la mente de las personas? Tales sentimientos podrían ser que el Espíritu Santo nos advierte o previene. Sin embargo, es importante que justifiquemos nuestros sentimientos con las Escrituras. No todos nuestros sentimientos son espirituales, y podríamos estar teniendo un conflicto de personalidad o una reacción a una opinión diferente a la nuestra — o simplemente podemos estar pasando por un mal momento.

Sabemos que a pesar de todo lo que podamos hacer para evaluar la vida y el mensaje de una persona, aún habrá falsos maestros dentro de las iglesias que, con la ayuda de Satanás, permanecen encubiertos hasta que Dios decide exponerlos tal y como son.[25]

Recuerde que el resultado final de todo lo que hacemos debe ser exaltar a Jesucristo. Nuestra meta al predicar, nuestra meta al adorar y nuestra meta con la gente es que aquellos a quienes ministramos rindan completamente sus vidas a Jesús. No debemos enfocarnos en las manifestaciones sino en Jesucristo. Él es el autor y consumador de nuestra fe. Él es el Señor resucitado que un día vendrá y nos llevará al cielo por la eternidad. Las manifestaciones son una parte natural de la iglesia de Jesucristo, y lo serán hasta el fin.

CAPÍTULO 9

Los Beneficios:
Valor y Fortaleza

L A PALABRA PROFÉTICA seguía repitiendo la palabra Para, con instrucciones para que Daniel Berg y Gunnar Vingren fueran a ese lugar y comenzaran a predicar. ¿Pero dónde estaba Para? Daniel Berg inmigró de Suecia a los Estados Unidos en 1902 y Gunnar Vingren le siguió en 1903. Desde el momento que contemplaron el edificio de inmigración en la isla Ellis, se preguntaron a dónde los llevaría la vida en esta nueva tierra de oportunidad. De veinticuatro y dieciocho años de edad respectivamente, no podían haber anticipado el futuro creativo que Dios les había preparado. Los dos eran cristianos sólidamente comprometidos, y juntos oraron para que Dios realizara su voluntad en la vida de ellos.

Gunnar llegó a ser pastor de una pequeña iglesia bautista en South Bend, Indiana, donde Daniel también se involucró. Fue en un estudio bíblico donde los dos jóvenes oyeron la palabra profética que repetía la palabra Para. La profecía instruyó a Gunnar y a Daniel a ir a ese lugar y comenzar una obra para el reino de Dios. Curiosos por este posible cambio de acontecimientos, fueron a la biblioteca[1] de la ciudad y buscaron la palabra Para en el compendio mundial sin ningún éxito. Finalmente, el bibliotecario los dirigió al Atlas mundial. Allí encontraron que Para es un estado localizado al norte de Brasil.

En unos meses Gunnar y Daniel hicieron planes para viajar a Brasil. Ellos sintieron que Dios les había dado las instrucciones específicas de partir el 5 de noviembre de 1910, de Nueva York. Gunnar había podido ahorrar noventa dólares para los gastos del viaje. Sin embargo, cuando escuchó acerca de un pastor Dirham que necesitaba finanzas para su periódico pentecostal, él dio su dinero para esa necesidad. La congregación de Gunnar les dio el dinero suficiente para viajar a Chicago, donde fueron invitados por el pastor B. M. Jonson para hablar en el servicio de una iglesia. El pastor le pidió a su congregación si alguien quisiera ayudar a Gunnar y a Daniel con su misión a Brasil. Muchos respondieron a la necesidad de los dos jóvenes misioneros. Sin embargo, no fue hasta más tarde, al revisar sus carteras, cuando contaron cuatro veces la cantidad de dinero que habían dado antes.

Gunnar y Daniel se sintieron desilusionados cuando llegaron a Nueva York porque no estaba el barco que zarpaba el 5 de noviembre rumbo a Brasil. Después de investigar, hallaron que el Clement, un buque a vapor que había sido retrasado debido a reparaciones, para asombro de ellos ahora estaba listo para zarpar el 5 de noviembre. Debido a una huelga en el puerto de Nueva York, tuvieron que dejar sus baúles. Catorce días después se encontraban en Brasil.

Al arribar al país en el que ellos sintieron que el Señor los había traído, Gunnar y Daniel no sabían dónde comenzar o qué hacer. Mientras estaban sentados en la banca de un parque orando en busca de dirección, conocieron a un misionero metodista quien los presentó a un pastor local. Se les dio permiso de empezar una reunión de oración en su iglesia, y como resultado, muchas personas fueron bautizadas en el Espíritu Santo. De ese grupo comenzó la Misión de Fe Apostólica, y el 11 de junio de 1918, registraron su iglesia con el gobierno como las Asambleas de Dios.

De estos humildes comienzos, el mensaje de salvación y el bautismo en el Espíritu Santo se esparció como un fuego. De amigo a amigo, de pueblo en pueblo, de ciudad en ciudad y de estado en estado, su mensaje explotó a lo largo de Brasil. Lo que comenzó en una pequeña reunión de oración en South Bend, Indiana, ha llegado ahora a ser una realidad en la vida de miles de personas. En Río cincuenta años después, en 1961, aproximadamente cuarenta mil personas asistieron a la celebración de "medio siglo" del arribo del mensaje pentecostal a Brasil. En julio de 1967 se podía encontrar creyentes alrededor de todo el país y estaban teniendo las más grandes reuniones de pentecostales. Hoy hay más de veinte millones de pentecostales en esa nación incluyendo dieciocho millones de miembros de las Asambleas de Dios solamente. Sólo podemos conjeturar el número de pentecostales que son parte de otras iglesias o denominaciones.

En septiembre de 1997 visité Brasil y asistí a una reunión de oración de varios cientos de miles de creyentes. El entonces presidente Fernando Henriguo saludó a la multitud, y otros oficiales del gobierno que estaban entre los asistentes. Las cámaras de televisión a través de la multitud grabaron lo que sucedía en la vida de esas personas. Mientras miraba la multitud y pensaba cómo dirigirme a ellos, estaba asombrado de la fidelidad de Dios. Ochenta y seis años antes dos jóvenes suecos llamados Daniel Berg y Gunnar Vingren habían tomado valientemente un gran riesgo de fe. Algo sucedió en sus corazones que los persuadió a ir a un lugar del cual nunca habían escuchado para traer el precioso evangelio de Jesucristo y el mensaje del bautismo en el Espíritu Santo. Sin duda tuvieron dudas, experimentaron numerosas penurias y conocieron muchas personas que se preguntaban sobre la lógica de lo que estaban haciendo. Sin embargo, hoy no hay duda de la estrategia de Dios allí. Mirando en retrospectiva sobre el siglo veinte, el crecimiento cristiano en Brasil ha probado que Daniel y Gunnar fueron impulsados por el Espíritu Santo.

La historia de Daniel y Gunnar no es inusual en los libros de historia de la fe cristiana. Lucas registra que "Pablo tuvo una visión en la que un hombre de Macedonia, puesto de pie, le rogaba: 'Pasa a Macedonia y ayúdanos.' Después de que Pablo tuvo la visión, en seguida nos preparamos para partir hacia Macedonia, convencidos de que Dios nos había llamado a anunciar el evangelio a los macedonios" (Hechos 16:9-10). Pablo demostró una valentía única para obedecer todo lo que Dios le había instruido hacer sin importar las dificultades.

El poder (Hechos 1:8) que las personas reciben cuando son bautizadas en el Espíritu Santo las capacita para ser poderosos testigos de Cristo. Tienen un deseo de hablar a otros acerca de Jesús y enseñar todo lo que Él mandó. Aun si sus personalidades son tímidas, ellas tienen una confianza única para hablar a otros acerca de Jesucristo. La iglesia neotestamentaria fue conocida por su asombrosa tenacidad, y sus corazones se agitaban con pasión para llevar el mensaje de Cristo a su mundo a pesar de las amenazas de persecución. Jesús había predicho que esto sucedería cuando dijo: "Pero cuando venga el Espíritu Santo sobre ustedes, recibirán poder y serán mis testigos tanto en Jerusalén como en toda Judea y Samaria, y hasta los confines de la tierra" (Hechos 1:8). Las dos cláusulas principales en este versículo, "ustedes recibirán poder" y "serán mis testigos" están interrelacionadas. "Recibir" y "ser" trabajan mano en mano. Después que el Espíritu Santo viniera sobre ellos, hablarían de lo que habían visto, oído y experimentado. Comenzando en Jerusalén predicando su testimonio a lo largo de "Judea y Samaria, y hasta los confines de la tierra." El teólogo Stanley Horton dijo: "Este programa de testificar también da un índice virtual para el libro de los Hechos."[2]

Pedro y Juan fueron encarcelados porque se negaron a dejar de hablar acerca de Jesús. (Vea Hechos 4:18.) De hecho, cuando fueron puestos en libertad, se reunieron con muchos otros creyentes y oraron en voz alta. "'Ahora, Señor, toma en cuenta sus amenazas y concede a tus siervos el proclamar tu palabra sin temor alguno. Por eso, extiende tu mano para sanar y hacer señales y prodigios mediante el nombre de tu santo siervo Jesús.' Después de haber orado, tembló el lugar en que estaban reunidos; todos fueron llenos del Espíritu Santo, y proclamaban la palabra de Dios sin temor alguno" (Hechos 4:29-31).

El finado pastor, escritor, y teólogo Martín Lloyd-Jones escribió:

> Usted no puede leer los relatos del Nuevo Testamento de la gente a la que vino el Espíritu, las personas a las que Él llenó, o que recibieron como los cristianos de Galacia y todos estos han hecho, sin darse cuenta que el resultado fue que todo su espíritu fue encendido. El

Señor Jesucristo se hizo real para ellos en una manera que nunca antes lo había sido. El Señor Jesucristo se manifestó a ellos espiritualmente, y el resultado fue un mayor amor por Cristo, derramado en todo su corazón por el Espíritu Santo.

Ahora esto, seguramente, es algo que debería obligarnos a hacer una pausa por un momento y meditar muy profunda y seriamente. Esta es una experiencia, como entiendo esta enseñanza, que es el derecho de nacimiento de cada cristiano. "Porque para vosotros", dice el apóstol Pedro, "es la promesa" —y no solamente para ustedes- "y para vuestros hijos, para todos los que están lejos" (Hechos 2:39, RVR60). No está confinada sólo a las personas del día de Pentecostés sino que se ofrece y promete a todos los cristianos. Y en su esencia significa que estamos conscientes de la venida del Espíritu de Dios y se nos da un sentido de la gloria de Dios y de la realidad de su ser, la realidad del Señor Jesucristo, y lo amamos... y eso, al leer estos relatos, es el resultado invariable de este bautismo del Espíritu Santo. Además, encontrará que esto es algo de lo que han testificado los cristianos de todos los siglos. Todos recuerdan la historia de cómo le sucedió esto a Juan Wesley en la calle Aldersae en Londres en 1738, pero muchas personas nunca han escuchado de ello, como sucedió en una manera más impresionante a George Whitefield antes de eso. Hemos escuchado de ello en el caso de Moody, mientras caminaba por una calle en la ciudad de Nueva York una tarde, repentinamente llegó a ser consciente de la gloria de Dios en una manera tan abrumadora que sintió que aun su cuerpo fuerte estaba a punto de ser hecho pedazos, y él levantó sus manos y pidió a Dios que parara. Es verdad de Finney y Jonathan Edwards y David Brainerd. Es algo de lo que muchos cristianos comunes, cuyos nombres no conocemos, han testificado y por lo cual han dado gracias a Dios; este sentido de la gloria de Dios; la realidad del Señor; este amor hacia Él; esta indescriptible experiencia de estas cosas.[3]

John Fletcher dijo: "Todo cristiano debería tener su Pentecostés."[4] A lo largo de los pasados dos mil años, la iglesia de Jesucristo ha demostrado repetidamente valor sobrenatural. En nuestra humanidad no somos capaces de inventar esta clase de valor. Necesitamos el poder que viene solo de la llenura del Espíritu Santo. Aunque la fortaleza física y mental es útil, ser lleno con el Espíritu provee mucho más que la habilidad física o la disciplina mental. Es más que "el poder del pensamiento positivo." No es algún ejercicio mental o intelectual que desarrollamos mediante la meditación. Tampoco se adquiere al recibir un título teológico. Cuando somos bautizados en el Espíritu Santo, nuestra vida es profunda y dinámicamente tocada por Dios, y anhelamos llevar a cabo las maravillosas obras de Dios. A lo largo del libro de los Hechos, vemos este poder manifestado por cristianos llenos del Espíritu demostrando autoridad para expulsar espíritus demoníacos y sanar enfermos. El bautismo en el Espíritu Santo libera el poder de Dios en la vida del creyente, infundiéndole una nueva confianza y valor para hablar acerca de la resurrección de Cristo. Esto sucedió entonces y todavía sucede hoy. G. Campbell Morgan dijo: "La naturaleza del poder es evidente. Es la venida de Dios al hombre para realizar un propósito divino en esta sagrada sociedad. El está desvalido aparte de esta inmediata cooperación con Dios. Dios escoge estar desvalido aparte de la cooperación con el hombre."[5]

Necesitamos entender al menos tres cosas acerca del poder del Espíritu:

NECESITAMOS EL PODER DE DIOS

Quizá más ahora que en ningún otro tiempo de la historia, necesitamos el poder y el discernimiento de Dios. A medida que nos acercamos al tiempo cuando el anticristo será revelado, Satanás hará todo lo que pueda para influenciar a la gente hacia su causa y tratar de distraer y engañar aun a la iglesia. Jesús dijo: "Porque surgirán falsos Cristos y falsos profetas que harán grandes señales y milagros para engañar, de ser posible, aun a los elegidos" (Mat. 24:24).

Aunque disfrutamos mucho lo que la tecnología ha provisto, debemos ser precavidos y no comprar todos sus avances. Necesitaremos la sabiduría y el poder de Dios para mantenernos en nuestras convicciones y discernir lo que verdaderamente es útil para nuestra vida cristiana.

En un vuelo reciente, me senté al lado de un caballero que era experto en computadoras. Él iba rumbo a unas grandes oficinas corporativas para ayudar a una compañía con un valor de más de mil millones de dólares a entender las nuevas oportunidades que venían en el mundo de la Internet, los sitios de la red, la realidad virtual, y la programación. Soy un tanto iletrado respecto al lenguaje sofisticado de las computadoras, pero este ejecutivo explicó situaciones y escenarios que me preocupaban y aun me espantaban.

Él habló acerca de la industria pornográfica que ha invadido la Internet y cómo pronto habrá la oportunidad para que la gente actúe sus fantasías sexuales mediante la realidad virtual. Cuando le di mi opinión de que la pornografía era mala y le pedí su opinión, estuvo en descuerdo conmigo de que era un problema moral y dijo: "¡Vamos... es sólo entretenimiento!" Él habló acerca de poder comunicarse con personas que estaban a miles de kilómetros de distancia en un salón de charla y a la misma vez verlos en un monitor grande. Él me puso al día acerca de la rapidez con que la industria de las computadoras se desarrolla y dijo que cualquiera podría hacer cualquier cosa, comprar cualquier cosa y experimentar cualquier cosa en la privacidad de su hogar u oficina. Entiendo y disfruto de los aspectos positivos de las computadoras y la Internet, pero no puedo menos que pensar en la gente que comprará la inmundicia que se ofrece y que como resultado dañará grandemente su vida y sus relaciones. El pecado se ha vuelto sofisticado, y la habilidad de racionalizar la conducta equivocada se ha vuelto la norma del día en que vivimos.

La revista Life reportó:

> Estamos a punto de entrar a un milenio de milagros. Si una persona se corta su mano mientras arregla

la cortadora de césped, los médicos serán capaces de hacerle crecer una nueva. Las casas y los autos serán hechos de materiales que se podrán arreglar a sí mismos si son dañados. Habrá una comida que es el 90 por ciento proteína y puede ser hecha para que sepa casi a cualquier cosa.

Estas predicciones pueden sonar atrevidas, pero en realidad son bastante conservadoras... No sabemos cuando, si acaso, tendremos robots esclavos... máquinas de tiempo. Pero sabemos que cualesquiera sean los milagros que el nuevo milenio nos depara, todos serán producidos por el mismo genio: la computadora.

Las computadoras, cerebros electrónicos detrás de inteligencias de metal, alimentos milagrosos y reemplazo de órganos, se hacen más inteligentes cada minuto. De acuerdo a la ley de Moore (propuesta por Gordon Moore, cofundador de Intel), ellas duplican su inteligencia cada 18 meses. Ellas ya son 130,000 veces más inteligentes que cuando los chips de silicón fueron introducidos en 1971. Paul Horn, vicepresidente de investigación de la IBM, dice que la ley de Moore será aplicable al menos otros quince años.

...Como el científico en computadoras Carl Feynman del Grupo de Tecnología de Arte lo pone: "Hemos descubierto que la materia gris de nuestra cabeza probablemente no es el mejor material para pensar." Las computadoras pronto usarán su "material para pensar" superior para hacerse a sí mismas más inteligentes. Los seres humanos y las computadoras ya han diseñado nuevas generaciones de computadoras juntos; pero, dice Horn, conforme el tiempo avanza, las personas serán eliminadas del proceso.[6]

La Biblia nos dice que Satanás llenará de poder a un hombre durante el período de siete años que conocemos como la Tribulación el cual será capaz de crear una "imagen" (no humana) del anticristo. Esta imagen será capaz de respirar, hablar y matar a las personas que rehúsen ponerse la "marca" del anticristo en su frente o mano derecha. (Vea Apocalipsis 13:11-17.) ¿Podría esta imagen ser no más que una máquina de la avanzada tecnología del siglo veintiuno que parece, piensa y actúa como humano sin ningún sentido de restricción moral o conciencia? Este podría ser el caso.

Recientemente en las noticias surgió la controversia sobre la clonación de cuerpos humanos con el propósito de sembrar partes del cuerpo. Los líderes de algunas naciones no han mostrado mucha preocupación sobre la moralidad de la clonación y se han negado a firmar un acuerdo que diga que ellos se refrenarán de la clonación humana. La tecnología y los componentes de armas nucleares, biológicas y químicas ha sido obtenida por países que no tienen mucha restricción moral para usarlas. Submarinos y aviones de guerra se venden a naciones que los usarán contra el mundo libre sin un momento de duda si ven una ventaja en ello. Como Daniel dijo respecto a los últimos días: "Muchos andarán de un lado a otro en busca de cualquier conocimiento" (Dan. 12:4). El conocimiento aumentará grandemente a lo largo del mundo; sin embargo, la restricción moral, un sentido de rectitud, y la justicia de Dios disminuirá para los no cristianos a medida que nos acercamos al Armagedón.

La tentación se vuelve más sofisticada y consistente, y el enemigo de nuestras almas es quizá más agresivo que en cualquier otro tiempo de la historia, porque él sabe que la segunda venida de Cristo se acerca rápidamente. Por lo tanto, necesitamos un poder sobrenatural que nos capacite para permanecer firmes ante de las fuerzas que están en contra de nosotros.

Necesitamos también entendimiento intelectual sobrenatural de la voluntad y el poder de Dios. Puesto que a menudo no estamos seguros acerca de los deseos de nuestro Maestro para que cumplamos su voluntad, necesitamos poder sobrenatural para combatir las constantes tentaciones y distracciones de Satanás. Cuando somos tentados a transigir en nuestras convicciones, necesitamos ser capaces de decir con firmeza un absoluto no a los artificios del diablo y sí a la justa voluntad de Dios. Necesitamos el poder de Dios para alejarnos de los afectos de este mundo y mantener nuestra mirada claramente enfocada en un mundo mejor. Y necesitamos la dunamis de Dios para lograr la meta de alcanzar cada pueblo, tribu, y nación con el evangelio de Jesucristo.

La iglesia primitiva necesitó un poder único para ser testigo a un mundo que no había escuchado de Jesucristo. La iglesia del siglo veinte necesita el poder de Dios para completar la tarea. William Barclay explica:

> Este poder del Espíritu iba a hacer [a la iglesia primitiva] testigo de Cristo. Ese testigo iba a operar en una serie de círculos concéntricos cada vez más extendidos, primero en Jerusalén, luego a lo largo de Judea; entonces Samaria, el estado semijudío, sería una especie de puente que conduce al mundo pagano; y finalmente este testigo debe ir a los confines de la tierra.[7]

El propósito principal de recibir el bautismo en el Espíritu Santo es ser investido de "poder" para servir. La iglesia neotestamentaria necesitó un poder sobrenatural para promover el evangelio de Jesucristo al mundo. El mundo de hoy se caracteriza por guerras, rumores de guerras, hambrunas, terremotos, decadencia moral, apatía, falsos Cristos, y enormes desengaños. (Vea Mateo 24, Marcos 13, y Lucas 21.) Stanley M. Horton dice:

> Los seguidores de Jesús deben ir y esparcir el evangelio a todas las naciones en medio de todas estas calamidades naturales y trastornos políticos. ¿Cómo puede ser esto posible? Ellos recibirán poder como resultado de ser llenos con el Espíritu. Este sería su secreto de éxito en la era de la iglesia hasta su consumación final cuando Cristo regrese. Por supuesto, esto pone una gran responsabilidad para ser testigo de Cristo sobre todos los que son llenos con el Espíritu.[8]

En nuestra fuerza humana, no podemos hacerlo. El Padre nos ha dado el bautismo en el Espíritu Santo porque sabe que necesitamos una dinamita de poder dentro de nuestro ser para luchar contra el enemigo y realizar grandes cosas para el reino de Dios.

QUÉ ES DUNAMIS

A medida que Steve crecía para convertirse en un joven, se volvía desesperadamente adicto a las drogas. No se preocupaba por los demás ni por su propia salud. A los dieciséis años Steve se volvió más rebelde cuando su padre murió inesperadamente de un ataque al corazón. Después de eso, la vida de Steve fue un viaje de montaña rusa con un deseo de morir. Él pasó el resto de sus años de adolescente entrando y saliendo de la cárcel, en una niebla de interminables inducidas elevaciones de droga y de aterrorizantes bajas.

A través de todo esto, Steve escuchaba una voz dentro de él que cada vez se oía más alta, y él experimentó con drogas, alcohol y una vida imprudente. Esta voz le exigía usar drogas para aliviar la pena que sentía, y le obligaba a robar las tiendas, a los amigos y a su propia familia para financiar sus caros hábitos.

Steve veía como sus amigos morían. Manny fue el primero – murió apuñalado. Frankie murió a causa de una sobredosis. Toby murió cuando estrelló su carro en un poste de teléfono. La vida de Sammy fue arrebatada cuando se estrelló contra una camioneta. Bobbie se ahorcó. Steve pensaba acerca de la muerte, y la voz dentro de él lo animaba con un plan. Él pensó que Bobbie había tomado el camino fácil.

La vida física, mental y emocional de Steve era un desorden. Él estaba muy confundido y se sentía morir físicamente. Su cuerpo había sufrido mucho y se estaba apagando. Durante este tiempo, él dijo: "Me di cuenta por primera vez que esta voz y este poder maligno [dentro de mí] era 'el destructor.' Su intención nunca fue ayudarme sino destruirme.

"Quería ser libre de esta destrucción, pero todo lo que podía hacer era quedarme ahí y tratar de resistir, sabiendo que mi fuerza y resistencia se agotaban rápidamente."

Durante este tiempo un joven visitó a Steve. Él dijo: "Steve, vine porque te estás haciendo daño. Yo no te puedo ayudar, pero conozco a alguien que puede. Su nombre es Jesús, y Él está aquí con nosotros. ¡Él quiere ayudarte!"

Steve estaba desesperado. La muerte se acercaba y el joven lo sabía. Él animó a Steve explicándole que Jesús lo tocaría si él clamaba a él. "¡Sólo clama el nombre, Jesús, Jesús!" le dijo.

Steve dijo: "El sonido del nombre una y otra vez parecía traer esperanza de ninguna parte. Steve miró al techo encima de él y dijo: "Jesús, Jesús, Jesús, Jesús."

Con ese nombre la confusión y el temor se desvanecieron y una paz y un calor recorrieron el cuerpo de Steve. Steve rindió su vida a Jesucristo. Él dijo: "El poder se precipitó como un río y tomó control de todo. Seguí clamando a su nombre, cada vez con voz más alta. Las convulsiones que experimentaba se detuvieron. La presencia del maligno se desvaneció." Steve había nacido de nuevo.

Unas semanas después de la experiencia de salvación de Steve, los oficiales antinarcóticos lo prendieron con acusaciones de delito de drogas. Su pasado había sido perdonado por Dios, pero él tendría que pagar por lo que había hecho durante sus años imprudentes de abuso de drogas.

Steve fue encarcelado para esperar la fecha de juicio. Durante esos meses, él concentró sus relaciones con el Señor. Él estaba preocupado de tener que ir a prisión por años debido a sus numerosos delitos. Finalmente, la fecha para presentarse ante el juez llegó, y Steve se encontró frente a un juez que él había visto muchas veces.

El corazón de Steve se agitó, sus pensamientos se precipitaban del pasado al futuro, temeroso del grado de sentencia que enfrentaría ese día. El juez dijo: "Steve Hill, esto es contrario a mi mejor juicio, pero te sentencio al Alcance Ministerial de Alabama. Si no completas con éxito ese programa, pasarás muchos años en la penitenciaría."

¡Increíble! Steve no podía creerlo. ¿Por qué el juez le dio esta clase de sentencia? Era un milagro. Después de tres meses, Steve fue transferido a Desafío Juvenil en Cape Girardeau, Missouri. Steve dijo: "En Desafío Juvenil, aprendí a vivir mi profesión de fe y amor en Cristo. Fue bautizado en aguas, lleno con el Espíritu Santo, aprendí cómo no sólo leer la Biblia y me discipliné en la oración."

La vida de Steve recuperó el equilibrio y se convirtió en un formidable testigo de Cristo y sintió un llamado al ministerio de tiempo completo. Dios le dio una maravillosa esposa, y en 1992 Steve y Jeri fueron a América Latina como misioneros evangelistas. También comenzaron iglesias en Colombia, España y la antigua Unión Soviética. Cerca de dos décadas después de su experiencia de conversión, Steve y Jeri vinieron a la iglesia de las Asambleas de Dios en Brownsville, Florida, como evangelistas visitantes. El día del padre de 1995, comenzó algo que Steve o la iglesia no esperaban completamente. Fue el comienzo de lo que hoy se conoce como el avivamiento de Brownsville.

Steve, que alguna vez escuchó la voz destructiva dentro de él, ahora escuchó la voz sanadora del Espíritu Santo animándolo a hablar al mundo acerca del maravilloso plan de salvación y liberación de parte de Dios. Steve dijo: "Drogadictos han sido liberados, prostitutas de las calles han sido salvadas, la gente ha sido sanada, y cientos de matrimonios han sido restaurados."

En una visita reciente a la iglesia, me regocijé al ver a todas clases de personas –ricos, pobres y una variedad de razas y nacionalidades. La gente ha venido de todas partes del mundo para experimentar el avivamiento. Es común ver adolescentes con narices, párpados, labios y lenguas perforados. Algunos tienen cabello verde, azul o rojo. Estos muchachos vienen de las calles buscando respuestas y encuentran "la Respuesta" pronto después de comenzar a asistir a la iglesia y escuchar el evangelio de Jesucristo. Steve dice: "Después de que ellos son salvos, ni siquiera necesitamos mencionar sus cabellos coloreados o quitarles sus zarcillos. El Espíritu Santo les recuerda acerca de lo que es inapropiado a tiempo y ellos le responden. Usted ve una cantidad de muchachos que están 'limpios' que antes usaban el cabello pintado y los cuerpos perforados." Steve encuentra una fuerza interior y una pasión que nunca acaba para enseñar a estas personas que tienen hambre de Dios. "Mientras ellos vengan", dice él, "estaré aquí. Esta es la oportunidad de toda la vida, y la oportunidad de toda la vida debe aprovecharse durante el tiempo de vida de la oportunidad."[9]

La vida de Steve es un ejemplo de cómo Dios da poder para vivir una vida recta. Jesús dijo: "Pero cuando venga el Espíritu Santo sobre ustedes, recibirán poder y serán mis testigos" (Hechos 1:8 énfasis añadido). La palabra ser significa no solo ser exteriormente un testigo sin también ser todo lo que Cristo quiere que seamos. Este poder nos da un valor sobrenatural nacido del Espíritu. Con él llegamos a ser eficientes y contagiosos testigos de Jesucristo.

El testigo lleno de poder porta ciertas características. William Barclay escribe:

> Destaquemos ciertas cosas acerca de estos testigos cristianos,
>
> Primero, un testigo es un hombre que dice yo sé que es verdad. En un juzgado una persona no puede presentar

como evidencia una historia de segunda mano; debe ser su propia experiencia personal. Hubo un tiempo cuando Juan Bunyan no estaba tan seguro. A él le preocupaba que los judíos pensaban que la religión de ellos era la mejor: los musulmanes pensaban lo mismo de la de ellos; ¿Y qué si el cristianismo fuera sólo un 'yo también pienso así'? Un testigo no dice: "pienso que sí"; él dice: "yo se."

Segundo, el verdadero testigo no lo es de palabras sino de obras. Cuando Stanley descubrió a Livingstone en el África Central y pasó tiempo con él, dijo: "Si hubiera seguido con él más tiempo hubiera sido compelido a ser cristiano y él nunca me habló al respecto en absoluto." El testimonio de la vida de un hombre era irresistible.

Tercero, en griego la palabra para testigo y la palabra para mártir es la misma (martus). Un testigo debe estar preparado para convertirse en mártir. Ser un testigo significa ser leal sin importar el costo.[10]

Hubo más mártires en el siglo veinte que en cualquier otro siglo desde el nacimiento de la iglesia. La iglesia será perseguida más y más hasta la segunda venida de Cristo. Ciertas partes del mundo, tales como China, las antiguas repúblicas de la Unión Soviética, Irán, Irak, y otras partes del Medio Oriente, son viveros para la persecución de cristianos. Mientras que debemos hacer todo lo posible para evitar la persecución, sin embargo es un hecho que existirá. El poder que acompaña la llenura con el poder del Espíritu capacitará a los creyentes a entregar voluntariamente todo por la causa de Cristo —aun su vida si es necesario.

Antes que Pedro fuera bautizado en el Espíritu Santo, una sirvienta lo asustó, negó al Señor y huyó porque ella amenazó con revelar que él había sido uno de los discípulos de Jesús. Sólo pocas semanas después, sin embargo, Pedro valientemente se puso de pie frente a miles y proclamó al Cristo resucitado. Pedro ya no tenía miedo, porque tenía el poder del Espíritu Santo dentro de él.

También ganamos poder dinámico para vivir cuando recibimos el bautismo en el Espíritu Santo. Obtenemos poder para vencer nuestras adicciones, mejorar nuestro matrimonio, controlar nuestro mal temperamento y resistir la tentación. Si somos solteros, podemos tener la fuerza para vivir célibes hasta el matrimonio. Si estamos casados, podemos ser fieles al cónyuge. Podemos ser testigos a quienes nos han intimidado y podemos perdonar a quienes nos han hecho daño. Podemos "ser" un testigo por la manera como vivimos. Las personas nos observan para ver si realmente vivimos de la manera que decimos que un cristiano debe vivir. Cuando nos ven que vivimos una vida de compasión, justa, ellos serán atraídos al mensaje de Cristo.

POR QUÉ SE NOS DA EL DUNAMIS

Necesitamos el poder sobrenatural de Dios para alcanzar este mundo perdido para Cristo. Respecto a la razón por la que Dios dio el bautismo en el Espíritu Santo, G. Campbell Morgan dijo de la iglesia primitiva:

La persecución los esperaba. Todas las fuerzas que habían estado en contra del Maestro se les opondrían. La doctrina de liberación, la que ellos debían anunciar, era revolucionaria, y los poderes que mantienen esclavizados a los hombres se alistarían para silenciar sus voces y detener su progreso. Si ellos iban a seguir dando testimonio de Él a través de la oscuridad así como de la luz, cuando el camino es áspero como cuando es parejo, a través de los peligros de la popularidad así como de los peligros del ostracismo, ellos necesitaban algún nuevo poder para el afecto y la voluntad, que debería hacer sus vidas arder como una flama, aguzar su rostro como pedernal... Este poder es precisamente lo que Jesús prometió, la llenura del Espíritu.[11]

Hay una fe y un valor únicos que son parte de las vidas de quienes han recibido el bautismo en el Espíritu Santo. Ante la persecución y aun la muerte, ellos continúan la misión de hablar a otros acerca de Cristo. A pesar de las probabilidades, ellos siguen adelante. Algo dentro de su ser los motiva a confiar en Dios, caminar por fe, alcanzar a los no alcanzados e ir a donde otros no irán. Jesús, en Mateo 24, destaca que la iglesia en los últimos días no puede esperar condiciones ideales antes de esparcir el evangelio a cada nación. Él dijo que esta época se distinguiría por falsos profetas y falsos Cristos, gran desengaño, guerras, rumores de guerras, hambrunas, y terremotos. En lo más reñido de esto, los seguidores de Jesucristo deben ir al mundo que no tiene a Cristo. ¿Cómo puede ser esto posible? Ellos recibirían un poder único, dunamis, como resultado de ser lleno con el Espíritu. Este sería la fuerza motriz que ayudaría a la iglesia a alcanzar sus metas de alcanzar un mundo que está bajo el poder de Satanás. Alguien ha dicho: "Ellos no pueden mover al mundo hasta que ellos sean movidos."[2] Hay un sentido de ser movido a alcanzar "uno más" e ir la milla extra con la obra a la que Dios les ha llamado.

PODER PARA USTED

Si usted es como yo, entonces quiere todo el poder de Dios que pueda obtener. Usted desea ser un testigo. Usted desea tener dominio sobre los problemas que controlan la vida. Usted anhela todo lo que Dios tiene para usted. Este anhelo es crítico, porque cuando Dios mira nuestro anhelo puro por más de Él, Él nos llenará.

Dios nunca juega con nosotros o nos hace trucos. Él es un Dios maravilloso, bueno y generoso, que le dará esta bendición cuando Él mira su vida de arrepentimiento y el anhelo de su corazón, y escucha su sincera petición. (Vea Lucas 11:11-13.) Jesús dijo: "¡Si alguno tiene sed, que venga a mí y beba! De aquel que cree en mí, como dice la Escritura, brotarán ríos de agua viva. Con esto se refería al Espíritu que habrían de recibir más tarde los que creyeran en él" (Juan 7:37-39).

Sea que una persona esté llena del Espíritu o no, necesita tener una continua sed de Dios. Un cuerpo de agua que no tiene entradas ni salidas llega a ser como el Mar Muerto. Espiritualmente, somos como eso. Si no tenemos una entrada del Espíritu y una salida como resultado de esa entrada, nos estancaremos en nuestra experiencia cristiana. Jesús estaba diciendo que si recibimos la llenura del Espíritu, Él nos llenaría de poder para ser testigos —la salida sería eficaz. Nos convertimos en conductos de oro a través de los cuales el aceite dorado del Espíritu fluye. Creo que esto es a lo que Zacarías se refería cuando dijo: "¿Qué significan estas dos ramas de olivo junto a los dos tubos de oro, por los que fluye el aceite dorado?" (Zac. 4:12). Cuando el Espíritu Santo fluye a través de nuestra vida, hay un poder sobrenatural que este mundo no entiende.

Jack Hayford nos recuerda tres puntos respecto a este poder:

1. El Espíritu Santo es la persona y el poder por el cual ayuda y habilidad son dadas para servir, para compartir la vida y poder del reino de Dios con otros.

2. El poder del Espíritu Santo debe ser recibido; no es una experiencia automática. Tan seguro como el Espíritu Santo habita en cada creyente (vea Romanos 8:9) seguramente así el llenará y rebosará (vea Juan 7:37-39) en cada uno que reciba el Espíritu Santo con una fe como de niño.

3. Cuando el Espíritu Santo lo llene, lo sabrá. Jesús lo dijo y los discípulos hallaron que era cierto (Hechos 1:5; 2:1-4). ¿Ha recibido usted el Espíritu Santo? (vea Hechos 19:1-6.) tal vez, pues la promesa es completamente suya hoy como en cualquier otro tiempo en el pasado. (Vea Hechos 2:38-39.)[13]

¿DÓNDE ESTÁS?

Uno de los más grandes testimonios de lo que está pasando hoy alrededor del mundo es que creyentes llenos del Espíritu Santo están evangelizando el mundo, tocando multitudes, y como resultado viendo vidas cambiadas. Dios le ha dado a esta gente tremenda audacia. Ellos no tienen vergüenza de vivir vidas rectas, y están testificando poderosamente de la vida nueva que Jesús ofrece. La vida cristiana no es aburrida; es emocionante caminar en fe y ver a Dios contestar oraciones. Es vigorizador ver gente venir a Cristo por el testimonio de uno, y es un sentimiento maravilloso saber que el Espíritu Santo está fluyendo en su vida mientras vive por Cristo. Hay muchos cristianos apáticos, aburridos y estancados en el mundo hoy en día. Francamente, no entiendo esto. Porque cuando el

Espíritu Santo se está moviendo en su vida, hay un sentimiento formidable de emoción, y su vida cristiana se siente fresca, no añeja.

¿Tiene hambre de más de Dios? ¿Necesita más poder para hacer lo que siente que Él quiere que haga? ¿Está su experiencia cristiana fresca y viva? ¿Necesita valor para enfrentarse en contra del enemigo de su alma o testificar a aquellos que le rodean? Por favor aprenda esto —el poder de Dios es para usted. Él quiere que su vida cristiana sea llena de su energía, Él desea usarle en formas que muy pocos entienden.

Dígale a Dios que tiene hambre de más. Pídale que lo llene de valor y poder. Si no tiene hambre, pídale a Dios que lo ayude a tener hambre. Todos hemos pasado por días secos en nuestra vida cristiana. En esos tiempos, nos aferramos y le pedimos a Dios que nos de una nueva hambre. Spurgeon dijo:

> Hermanos, vamos a entrar para recibir de Dios todo lo que nos va a dar: vamos a poner en esto nuestro corazón, que queremos tener con la ayuda de Dios todo lo que la infinita bondad de Dios está lista para dar. No nos conformemos con el trago que salva, sino vayamos hasta el bautismo que sepulta la carne y nos levanta en la semejanza del Señor resucitado: hasta el bautismo en el Espíritu Santo y en fuego que nos hace espirituales y nos enciende a todos en flama con celo por la gloria de Dios y con ansias por el provecho de esa gloria que pueda crecer entre los hijos de los hombres.[14]

Si alguna vez hubo un tiempo del cual necesitemos la audacia y poder sobrenatural de Dios es hoy. Nunca hubo un día como el día en que vivimos. El mal parece más frecuente ahora que en cualquier otro tiempo en la historia, y el enemigo hará todo lo que pueda para impedir que la iglesia alcance más gente para Cristo. Pero el poder de Satanás es limitado. Él no puede detener a cristianos llenos del Espíritu de hacer todo lo que Dios les ha pedido que hagan. Usted puede tener este poder. Su corazón hambriento y una petición es todo lo que Dios necesita ver y oír.

CAPÍTULO 10

El impacto:
Alcance Mundial

NO PUDE EVITAR escuchar la oración de Bob conforme él sistemáticamente daba gracias a Dios por la cantidad de personas que se entregarían a Cristo en diferentes partes del mundo. "Padre, te doy gracias porque en África cerca de veinte mil personas serán salvas hoy." Un poco más tarde dijo: "Padre, te doy gracias porque en China alrededor de treinta mil personas serán salvas hoy." Luego pidió a Dios que protegiera estos nuevos creyentes de la persecución y los capacitara para permanecer firmes cualquiera que fuera la persecución que viniera sobre ellos. "Te doy gracias por el continuo avivamiento en Corea del Sur y por las puertas que tú has abierto en el norte."

Aunque estuve de acuerdo con la oración de Bob, mi mente volvió una vez más a la idea de que la iglesia cristiana alrededor del mundo está viendo el más grande crecimiento de su historia.[1]

El trabajo de Bob como director del campo misionero para los países de la cuenca del Pacífico es administrar y desarrollar estrategias y programas misioneros para esos países. Entre los numerosos líderes con los que Bob trabaja está David Yongi Cho de Seúl, Corea. Curioso por la oración de Bob y las estadísticas que él estaba recitando, le di una llamada ese día. Le pregunté: "Bob, en los países por los que oraste hoy, ¿cuántos de los nuevos creyentes se volverán pentecostales?" De nuevo, las cantidades que él mencionó me sorprendieron cuando dijo: "Alrededor del 60 por ciento."[2]

"No estoy seguro de que podamos comprender el número de personas que están viniendo a Cristo y todas las razones por las que lo hacen. El cristianismo es el movimiento religioso de más rápido crecimiento en el mundo, con una taza de crecimiento del 6.9 por ciento anual. Esta se compara con el 2.7 por ciento del Islam, el 2.2 por ciento del hinduismo, y el 1.7 por ciento del budismo.[3]

Numerosas denominaciones y grupos paraeclesiásticos están superando los obstáculos en su esfuerzo por aumentar el evangelismo mundial. Parece que, con la vuelta del nuevo milenio, innumerables organizaciones tienen una nueva visión, y muchas están estableciendo metas maravillosas. Dick Eastman de Every Home for Christ [Cada Hogar para Cristo], David Bryant de Concerts of Prayer International [Conciertos de Oración], y muchos otros están comprometidos a enrolar y movilizar el más grande movimiento de oración en la historia de la iglesia. Ellos, y nosotros, están convencidos de que todo avivamiento ha comenzado con oración. Además, los medios más creativos y el equipo tecnológico más eficaz que la iglesia ha usado jamás está ahora disponible. Más de 2500 estaciones cristianas de radio y televisión transmiten diariamente el evangelio de Jesucristo a 4.6 mil millones de la población del mundo.[4] Billy Graham condujo una cruzada vía satélite que pudo haber sido escuchada por casi 2.5 mil millones de personas. En los años siguientes, veremos un formidable incremento en la propagación del evangelio de Jesucristo a través de la comunicación satelital y la Internet.

Al hablar del evangelismo en nuestros días, Neil Anderson escribe:

> Nunca desde el día de Pentecostés hemos visto tal crecimiento fenomenal de la iglesia alrededor del mundo. Por ejemplo, menos del cinco por ciento en África eran cristianos a fines de siglo; se espera que el 50 por

ciento sean cristianos para el fin de este milenio. En 1950 China tenía solo un millón de creyentes en Cristo; ahora se estima que cien millones vienen a Cristo cada año. Indonesia es la nación musulmana más poblada del mundo, pero el porcentaje de cristianos ha estado progresando tan rápidamente que el gobierno no revela cifras exactas. En 1900 Corea del Sur no tenía una sola iglesia evangélica; en 1992 Corea del Sur tenía 37,500 iglesias. Globalmente, el Espíritu Santo ha creado un esfuerzo cooperativo masivo que podría producir una cosecha de al menos mil millones de almas en los próximos años. La iglesia podría estar experimentando los primeros frutos del más grande avivamiento que ha conocido.

No importa lo que hagamos o cómo lo hagamos, podemos estar seguros que Dios está preparando una cosecha mundial. Jesús dijo: "Nadie puede venir a mí si no lo atrae el Padre que me envió" (Juan 6:44), Dios está atrayendo personas a Cristo de todo pueblo, tribu, comunidad, ciudad y nación. Un vasto porcentaje de estas personas también están recibiendo el bautismo en el Espíritu Santo. No cabe duda, estamos viviendo en uno de los momentos más emocionantes de la historia.

EL PENTECOSTALISMO ENCIENDE EL FUEGO

La edición especial de la revista Life sobre el milenio colocó "los 100 descubrimientos increíbles, acontecimientos cataclísmicos, momentos magníficos, de los pasados mil años". El número 68 era "1906, el pentecostalismo enciende el fuego":

La llama del pentecostalismo fue primero encendida cuando Charles Fox Parham declaró en 1901 que hablar en lenguas era una señal del bautismo en el Espíritu Santo. Pudo haberse extinguido de no ser por William J. Seymour, un predicador de la raza negra que escuchaba a Parham a través de una puerta abierta en su escuela bíblica de Houston. Pronto, Seymour se trasladó a Los Ángeles, donde su propio bautismo en el Espíritu Santo en 1906 le dio un entusiasta seguimiento. Dentro de dos años de fundada la misión en una iglesia abandonada en la calle Azusa, su ministerio multicultural envió misioneros a veinticinco países.

El pentecostalismo es una religión del corazón. Puesto que una experiencia personal con Dios es tan importante como la doctrina, es una fe adaptable; para fines de los años 60, protestantes y católicos habían comenzado a abrazar los dones del Espíritu en movimientos de renovación carismáticos... Hoy alrededor de 500 millones de personas se identifican como pentecostales o carismáticos, y los pentecostales solos superan en número a los anglicanos, bautistas, luteranos y presbiterianos combinados. La iglesia del Evangelio Completo Yoido en Seúl, Corea, es ahora, con 700,000, la congregación cristiana más grande en la tierra.[6]

La ola del bautismo en el Espíritu Santo literalmente está tocando cada continente y nación del mundo. Como mencionamos antes, Brasil está viendo un crecimiento pentecostal sin precedentes. En su libro Fire From Heaven [Fuego del cielo] el profesor de la universidad de Harvard, Harvey Cox, escribe:

En 1992 un censo religioso realizado por un centro de investigación afiliado al Concilio Mundial de Iglesias reveló que en los previos tres años aproximadamente 700 nuevas iglesias pentecostales habían abierto en Río... A pesar del aumento de la población, sólo una capilla católico romana había sido fundada. El crecimiento pentecostal es más evidente entre las comunidades más pobres. En las trece municipalidades de Río, hay tres veces más pentecostales en las villas miseria de la periferia que en la más sofisticada zona sur, y los pentecostales son también tres veces más numerosos entre personas con menos de ocho años de escuela y entre los de más bajos ingresos. Una cosa más, el crecimiento pentecostal ha alcanzado ahora las proporciones de una oleada. Además, no hay tantos pentecostales "nominales" o "no practicantes," Los estudiosos calculan ahora que en cualquier domingo por la mañana probablemente hay más pentecostales en la iglesia en Brasil que católicos en misa.[7] Este punto es especialmente interesante, ya que muchos observadores han considerado históricamente a Brasil como un país grandemente católico.

Cox continúa:

> Un cuadro parecido surge alrededor de América Latina. En su libro Is Latin America Turning Protestant? [¿Se vuelve protestante la América Latina?] David Stoll junta estadísticas de diversas fuentes para mostrar que el cristianismo no católico está creciendo en muchos países del continente a razón de cinco o seis veces de la taza de población general. Si las estadísticas de Brasil indican algo, 90 por ciento de este aumento no católico es pentecostal. Stoll predice que si la taza actual de crecimiento continúa, cinco o seis países latinoamericanos tendrán mayorías no católicas —mayormente protestantes- para el 2010. En varias otras naciones el porcentaje no católico de la población habrá alcanzado el 30 o 40 por ciento.[8]

En un artículo del Wall Street Journal, Pedro C. Moreno escribió hace poco:

> El crecimiento de la población evangélica es asombroso. En 1980, de acuerdo con "Operación Mundo," de Patrick Johnstone, había unos 21 millones de evangélicos en la región, creciendo a 46 millones para el 1990. Hoy hay cerca de 60 millones. Estadísticas recientes muestran que los pentecostales —un segmento del movimiento evangélico- cuentan dos de tres evangélicos en América

Latina, y de acuerdo a un estimado, cerca del 40 por ciento de los pentecostales del mundo viven en América Latina. [9] Moreno, abogado boliviano, nota que el crecimiento pentecostal en América Latina cruza las líneas socioeconómicas y las barreras raciales.

Aunque la mayoría de los miembros de las iglesias pentecostales son pobres y con poca educación, el aumento de miembros de la clase media y de la clase media alta ha unido a las clases sociales en una manera no familiar para la gente de América Latina. Blancos y negros, mestizos e indígenas, educados y analfabetos se pueden encontrar tomándose las manos y aun saludándose con un beso durante las reuniones de la iglesia (algo bastante nuevo para la mayoría de las sociedades latinas).

A los pentecostales se les reconoce el proveer un sentido de comunidad a las masas que emigran del campo a las ciudades. El sociólogo británico David Martin, en su libro Tongues of Fire: The Explosion of Protestantism en Latin America [Lenguas de fuego: La explosión del protestantismo en América Latina], argumenta que el movimiento pentecostal ha creado "espacios libres" donde un nuevo ethos se puede desarrollar. Muchas personas han desarrollado habilidades dentro de la iglesia (liderazgo, organización, hablar en público, etc.,) que los ha ayudado a elevar su nivel económico. [10]

POR QUÉ SEMEJANTE CRECIMIENTO DE LA IGLESIA

Tal vez se haya preguntado por qué hay un crecimiento sin precedente en el cristianismo y en los grupos pentecostales y carismáticos en particular. Hay muchas respuestas posibles.

Primero, Dios está derramando su Espíritu sobre todas las personas. (Vea Hechos 2:17.) Nunca había existido tan grande crecimiento cristiano, hambre espiritual e interés mundial en el mensaje de Cristo. Debemos seguir orando para que se abran puertas en muchas naciones alrededor del mundo. Algunas de estas puertas han estado cerradas debido a la persecución religiosa, levantamientos políticos, o un líder de gobierno dictatorial que ha impedido la extensión del cristianismo. De aproximadamente 12 mil grupos de personas en el mundo, 1,700 de ellos todavía no reciben un adecuado testimonio acerca de Jesucristo.

También debemos entender que en muchos de estos países "cerrados" puede haber una fuerte iglesia detrás del escenario. China es uno de estos, donde, a pesar de que ha ocurrido trágica persecución y las puertas permanecen cerradas, también ha ocurrido un gran crecimiento de la iglesia. Hace poco hablé con un líder cristiano de uno de los países cerrados. Él habló del asombroso avivamiento que sucede en su país. Él dijo que oraba para que las puertas permanecieran cerradas por un poco más de tiempo. Él creía que la iglesia en su país no podría manejar la abundancia y las enseñanzas aberrantes que podrían venir. Él dijo que le preocupaba grandemente la falta de bienes materiales y la persecución; sin embargo, más que eso, a él le aterraba que las personas serían desviadas de su intensa y pura devoción a Cristo si las puertas de su país se abren repentinamente.

Dios verdaderamente está derramando de su Espíritu alrededor del mundo de maneras sin precedente. Joel profetizó que en los últimos días "todo el que confiese el nombre del Señor será salvo" (Hechos 2:21).

Segundo, el siglo veinte vio un avance tecnológico como ningún otro siglo antes. Para nombrar unos cuantos — viajar en automóvil, viajar por aire y la exploración del espacio, armamento avanzado, el plástico, la radio, la televisión, las computadoras, el Internet, el correo electrónico, el teléfono celular, la penicilina, el trasplante de órganos, la clonación. Piense en ello por un momento. La tecnología ha crecido más allá de nuestros sueños. No está fuera de camino considerar los vislumbres proféticos de Daniel acerca del tiempo del fin — "muchos andarán de un lado a otro en busca de cualquier conocimiento" (Dan. 12:4) - como ocurrió en el siglo veinte.

Las denominaciones cristianas y los grupos de iglesia han podido utilizar mucho de lo que la tecnología ha provisto. El mundo es mucho más alcanzable y el mandato de hablar a cada tribu y nación acerca de Jesucristo es posible ahora. No podíamos decir esto hace cien años. En realidad, probablemente no podíamos decir esto hace veinticinco años. Este mundo se ha convertido en una aldea global.

Usamos comunicación inalámbrica, todas las formas de transportación y computadoras. Podemos imprimir un libro en unos pocos días y entregarlo a miles. Definitivamente, la iglesia ha sido capaz de alcanzar personas más rápido, fácil y eficientemente que en cualquier otro tiempo de la historia.

Una tercera razón para tan grande crecimiento de la iglesia pentecostal es el aumento de la maldad en el mundo. El aumento del mal literalmente ha sacudido a muchas personas a una necesidad de realidad, pureza y verdad espiritual. Muchos miran el mundo donde viven y pierden la esperanza. No saben como salir de la rutina bienestar y pobreza, o se dan cuenta de que no importa lo que hagan, nada les trae verdadera satisfacción y contentamiento.

Uno sólo necesita mirar las noticias de la noche o el diario local para ver el enorme aumento en la violencia, la conducta inmoral, las estadísticas de divorcio, drogas, alcohol, y sencillamente confusión sobre la vida. En los Estados Unidos se permiten un millón y medio de abortos cada año. Este país tendrá que responder a Dios por ese mal – y muchos otros. La sociedad narcisista, en la cual la gente se admira a sí misma, también ha aceptado comúnmente el nihilismo, en el cual muchos creen que los valores tradicionales no tienen fundamento. Para algunos la vida se ha vuelto algo sin significado.

Gary Bauer del Concilio de Investigación de la Familia recientemente escribió:

> Cada día, hay una nueva historia de las implicaciones predecibles del derretimiento de nuestros valores. Hoy, la historia viene del pequeño pueblo Mayville, Nueva York, donde un malhechor infectado con el virus del sida, intencionalmente tuvo relaciones sexuales con la mayor cantidad de mujeres jóvenes que pudo con el propósito de diseminar la infección de VIH. Algunas de las muchachas apenas tenían 13 años y la lista de las víctimas puede llegar a crecer hasta cien.[11]

El depredador en referencia es un vagabundo sin medios visibles para mantenerse, sin embargo aparentemente fue capaz de seducir a docenas de mujeres jóvenes. Semejante catástrofe habría sido imposible en América de hace treinta años, pero hoy, aun un pequeño pueblo "conservador" del estado de Nueva York no está a salvo del impacto de la revolución sexual.

Todos podemos hablar de algún suceso horrible que ha ocurrido en nuestra comunidad, nuestras escuelas e incluso nuestras familias. Vivimos en un día cuando el espiral descendente de maldad continuará, la gente se desilusionará y las relaciones familiares serán destruidas. De su confusión, pena y crisis, muchos claman a Dios por ayuda.

Jesús nos dijo las condiciones del tiempo del fin, y estamos viendo esas condiciones cumplirse hoy. Los falsos Cristos y falsos profetas engañarán a muchos. (Vea Mateo 24:24.) Habrá un aumento en la maldad, y el amor de muchos se enfriará (v. 12), y habrá guerras y rumores de guerras, hambres y terremotos (vv. 6-7). La gente aborrecerá a Dios, y la maldad aumentará. La vida perderá valor – como hemos visto mediante la práctica del aborto y la eutanasia. Las instrucciones de Pablo a Timoteo parecen la primera plana de nuestros periódicos. "Ten en cuenta que en los últimos tiempos vendrán tiempos difíciles. La gente estará llena de egoísmo y avaricia; serán jactanciosos, arrogantes, blasfemos, desobedientes a los padres, ingratos, impíos, insensibles, implacables, calumniadores, libertinos, despiadados, enemigos de todo lo bueno, traicioneros, impetuosos, vanidosos y más amigos del placer que de Dios. Aparentarán ser piadosos, pero su conducta desmentirá el poder de la piedad" (2 Tim. 3:1-5).

Las razones por las que Dios dio el bautismo en el Espíritu Santo son contrarrestar al maligno en el mundo y hacer que el mensaje del evangelio sea poderoso. Este poderoso dunamis capacitará a la iglesia de Jesucristo alrededor del mundo a impactar con valor cada sociedad. La influencia maligna del mundo no paralizará a los cristianos llenos del Espíritu. Ellos tendrán valor para mantenerse en contra del mal y luchar contra él. Este bautismo no tiene rótulos o límites denominacionales. Pertenece a la iglesia mundial de Jesucristo. Si usted es hijo de Dios, puede tener todo lo que Dios ofrece.

Cuarto, también ha habido tremenda persecución en nuestra generación. Las historias de la persecución en contra de cristianos que vienen de China, Asia, partes de Europa del Este, Irán, Irak, Pakistán,

Cuba, y muchas otras naciones son horrorosas. H. B. London de Enfoque a la Familia escribió en el boletín *De pastor a pastor*:

•Más de 160 mil creyentes fueron martirizados en 1996, una innumerable cantidad fue sometida a horrores inimaginables (David C. Barret, "Tabla estadística anual sobre Misión Global", Internacional Bulletin of Missionary Research [Boletín Internacional de Investigación Misionera], enero 1997, p. 25).

•Hubo cerca de cien millones de mártires en el siglo veintiuno (World Vision Digest [Compendio de Visión Mundial]).

•Hubo más personas martirizadas por su fe en Jesucristo en el siglo veinte que las que hubo en los previos diecinueve siglos combinados (James y Marti Hefley, By Their Blood [Por su sangre]).

•Más personas han muerto en circunstancias relacionadas con su fe en este siglo que en todas las guerras del siglo veinte (investigación estadística de la Comisión de libertad religiosa de la AEM).[12]

Terribles historias como la siguiente vienen de muchos países donde está sucediendo persecución en contra de los cristianos. Mona Charen escribió en el diario The Washington Times que:

Lai Man Peng era un evangelista cristiano chino de veintidós años. En 1994, en la reunión de una "iglesia-hogar" en China (una reunión de oración no autorizada por el gobierno), él y otros cuatro evangelistas fueron capturados por agentes del Buró de Seguridad Pública, la KGB de China. En frente de la congregación, el señor Lai y otros fueron severamente golpeados. Los oficiales de seguridad pasaron el bastón a los congregantes y les ordenaron golpear a los predicadores, bajo la amenaza de ser golpeados ellos mismos. El señor Lai fue lastimado tan severamente que el equipo de seguridad tuvo el temor de que muriera en presencia de ellos (dejando mucho para explicar), así que lo dejaron libre. Él se arrastró varios kilómetros tratando de llegar a su casa, pero finalmente se desmayó y murió en el camino. Esa clase de persecución es común en China, donde solo una fracción de los estimados treinta a setenta millones de cristianos pertenece a las sectas aprobadas por el gobierno. Amnistía Internacional informó de casos de mujeres cristianas colgadas de sus pulgares de alambres y golpeadas con fuertes varas, se les negó alimento y agua y se les aplicó toques eléctricos.[13]

Las Naciones Unidas informaron que el gobierno islámico militante de Sudán en la parte central de África ha declarado una batalla sistemática en contra de los cristianos. Desde 1982, trescientos mil cristianos sudaneses han sido asesinados. Cada año cientos de creyentes en Cristo son vendidos como esclavos y llevados a donde tienen que trabajar como esclavos o concubinas de sus amos musulmanes.[14]

Mona Charen informó en el The Washington Times que "Pakistán recientemente aprobó una ley blasfema que prohíbe hablar o actuar en contra del profeta Mahoma. El castigo para quienes la violen es la muerte. Un niño de doce años fue sentenciado a muerte hace poco bajo esta ley y fue liberado de Pakistán sólo por la presión internacional. Ahora se esconde en un país occidental con una recompensa sobre su cabeza similar a la que mantiene huyendo a Salman Rushdie."[15]

Michael Horowitz, un judío, nos dice por qué él trabaja tan fuerte para ayudar a los cristianos que son perseguidos:

> Hay un hombre que vive con nosotros que es la personificación de la fe cristiana, y yo estoy admirado de ello. Él es de la iglesia evangélica de Etiopía donde es pastor. Él está tratando de obtener asilo en los Estados Unidos y está encontrando cada posible impedimento que uno pudiera imaginarse. Aquí está un hombre que ha sido encarcelado más de veinticinco veces por su fe. Él ha sido torturado. En una ocasión fue colgado con la cabeza hacia abajo y se le derramó aceite caliente en

sus pies. Este es un hombre de fe permanente que será torturado una vez más si es enviado de regreso a Etiopía. ¿Pero saben que sucedió cuando solicitamos asilo? El departamento de estado envió una carta al servicio de inmigración y dijo: "No hay persecución de cristianos en Etiopía."[16]

Es interesante que a pesar de la persecución, la iglesia haya crecido en muchos de estos países. Aun cuando en muchos casos los cristianos han tenido que pasar a la clandestinidad, ellos se han vuelto más fuertes y más comprometidos. La persecución ha intensificado su fe. Ellos son personas de oración, dotados para el evangelismo, y dedicados a la inerrante Palabra de Dios —y creen en milagros. Cuando los nuevos convertidos dan su vida a Cristo, muchas veces se preparan para morir por su fe.[17]

Soy pesimista aunque tengo esperanza sobre el futuro. Confío que la iglesia de Jesucristo seguirá creciendo. Habrá un mayor derramamiento del Espíritu Santo como nunca antes, y el bautismo en el Espíritu Santo será cada vez más la norma en la iglesia cristiana en general. Sin embargo, estoy desalentado porque este mundo se volverá cada vez más a la maldad. Las guerras aumentarán, la economía se dividirá, se desarrollarán pecaminosos y sofisticados inventos. Daniel dijo acerca de estos días:

> *Muchos serán purificados y perfeccionados, y quedarán limpios, pero los malvados seguirán en su maldad. Ninguno de ellos entenderá nada, pero los sabios lo entenderán todo.*
>
> Daniel 12:10

UNA VIDA MÁS GRANDE

El bautismo en el Espíritu Santo es un don maravilloso que nos dará el poder para alcanzar a un mundo muy desengañado, confundido y desilusionado. No sólo necesitamos demostrar el poder de Dios pero, a través de nuestra vida diaria, también debemos mostrar a los perdidos del mundo que hay un Dios maravilloso que les ama y merece nuestra alabanza y adoración. Las personas que no tienen a Cristo necesitan mirar un amor que ellos nunca han visto, una compasión que nunca han sentido, un compromiso y servicio que nunca han experimentado, y una fe que contagia.

Este don maravilloso que viene del Padre nos capacita para mostrar y decir a otros que Jesucristo vive en nosotros. Nuestros amigos y vecinos necesitan ver que nuestra fe en Cristo es el aspecto más precioso e importante de nuestra vida. Nuestra fe es única; no hay otra fe en el mundo que tenga la clase de cumplimiento, poder y sentido de contentamiento que ella tiene. Nuestro Dios es el único Dios que obra con poder en la vida de sus hijos. Podemos mostrar a quienes nos rodean características únicas que nadie más puede mostrarles.

UNA ADORACIÓN ÚNICA

No hace mucho tiempo me encontraba con los líderes de una de las denominaciones no pentecostales más grandes. Ellos dijeron que la iglesia pentecostal está teniendo un impacto positivo en ellos. Su gente quiere la clase de música y adoración que sale de los grupos pentecostales y carismáticos y atraviesa la iglesia en el mundo.

Nuevos coros, bellos himnos, y cantos de adoración constantemente se añaden a la iglesia en el mundo. La razón de esto es que el Espíritu Santo nos anima a adorar a Dios y exaltar el nombre de Jesús. El arzobispo anglicano William Temple dijo: "Adorar es avivar la conciencia por la santidad de Dios, alimentar la mente con la verdad de Dios, purgar la imaginación por la belleza de Dios, abrir el corazón al amor de Dios, dedicar la voluntad al propósito de Dios.[18]

Jack Hayford cree que la iglesia alrededor del mundo se encuentra en la segunda reforma. Él cree que la reforma protestante dirigida por Martín Lutero para la iglesia católica fue una reforma de doctrina solamente, no de adoración. Ahora los protestantes experimentan una reforma de adoración.

Dios siempre responde cuando el pueblo se entrega con corazones llenos de anhelo y palabras para expresar su amor por él en adoración. Esto puede suceder en privado cuando uno está a solas en su casa o auto, y puede suceder colectivamente en la reunión de la iglesia donde las personas en la congregación se unen en adoración a Dios. La congregación siente que la presencia de Dios llena la habitación. A. W. Tozer dijo que "Dios quiere adoradores primero que trabajadores; en realidad los únicos trabajadores aceptables son los que han aprendido el perdido arte de adorar... Las piedras lo alabarían si fuera necesario y un millar de legiones de ángeles se apresurarían para hacer su voluntad."[19]

UN AMOR ÚNICO

No debería sorprender a los cristianos que el "capítulo del amor" de 1 de Corintios se encuentra entre los capítulos 12 y 14. El capítulo doce trata de los dones del Espíritu y el 14 es una explicación de cómo deben usarse esos dones. Pablo fue inspirado por el Espíritu Santo para escribir acerca del amor en el capítulo 13. Él dijo: "Si hablo en lenguas humanas y angelicales, pero no tengo amor, no soy más que un metal que resuena o un platillo que hace ruido" (1 Cor. 13:1).

El mundo necesita ver cristianos que se conducen, son gobernados y motivados por amor. De otra manera, lo que tratemos de hacer será en vano. Podemos tener todos los dones carismáticos que existen, pero si no demostramos amor, no veremos ningún cambio. Las personas se confunden cuando ven a alguien aparentemente usando los dones espirituales pero la persona es arrogante, llena de orgullo, o descuidada en la manera que trata a los demás. Debemos estar motivados para hacer lo que hacemos por el amor de Dios. El amor de Cristo nos constriñe, el Espíritu de Dios nos llena de poder, y la misma definición de Dios es que Dios es amor. (Vea 1 Juan 4:16.)

Lo que hace que las organizaciones misioneras, las organizaciones de servicio como el Ejército de Salvación, los programas de rehabilitación de drogadictos como Desafío Juvenil sean tan eficaces es que ellos demuestran el amor de Cristo. Ellos se levantan las mangas y se involucran en el dolor de la gente y en las culturas que muchos en el mundo han pasado por alto. Ellos miran a través de los ojos de Jesús, mirando más allá de las necesidades de una persona y mirando a la persona total. La gente es atraída a un amor que se demuestra y no que sólo se habla. Todos necesitan y anhelan el amor puro de Dios; y su amor cambiará a las personas más rápido que cualquier otra cosa que hagan.

Juan nos dice: "Dios es amor. El que permanece en amor, permanece en Dios, y Dios en él. Ese amor se manifiesta plenamente entre nosotros para que en el día del juicio comparezcamos con toda confianza, porque en este mundo hemos vivido como vivió Jesús" (1 Juan 4:16-17). Para ser testigos eficientes a aquellos que necesitan a Cristo, debemos amar a la manera de Dios. Debemos demostrar el carácter de Dios y tratar a otros como Dios los trataría. ¿Cómo actuamos cuando nadie nos mira? ¿Cómo tratamos a la gente cuando vemos que nadie nos escucha? Alguien dijo: "A las personas no les preocupa cuánto sabes tú hasta que saben cuánto te preocupas." Si tratamos a las personas como Dios nos anima hacerlo, veremos a nuestra familia, amigos, y conocidos venir a Cristo. Ellos van a querer lo que nosotros tenemos.

¿Cómo puedes tú ser un cristiano que ama?

1. Dios es el comienzo.

Conocerlo a Él es el principio. Juan nos dice: "Queridos hermanos, amémonos los unos a los otros, porque el amor viene de Dios, y todo el que ama ha nacido de él y lo conoce. El que no ama no conoce a Dios, porque Dio es amor" (1 Juan 4:7-8). Cuando nos detenemos a pensar que Dios nos ama a pesar de nuestras fallas, pecados, actitudes e imperfecciones, debemos entender que Él puede amar a cualquier otra persona. A cambio, nosotros debemos amar a la gente porque tenemos el Espíritu de Dios habitando en nosotros. Cuando estamos llenos del Espíritu de Dios, un amor más allá de la compasión humana se verá en nuestra vida.

2. Que el amor de Dios sea su meta.

Si se le dificulta amar a una persona o a un grupo de personas, que el amor sea su meta, porque las metas de Dios son buenas. Pablo dijo: "No pienso que yo mismo lo haya logrado ya" (Fil. 3:13). Es decir, Pablo no había alcanzado su objetivo todavía, pero tenía una meta. Podemos decirnos: "Con la ayuda de Dios seré un canal de amor." Pablo oró para que el amor de sus lectores "abunde cada vez más en conocimiento y en buen juicio" (Fil. 1:9).

Nuestros actos de amor con frecuencia cambiarán la vida de las personas. Recientemente el doctor James Dobson escribió acerca de un maestro de escuela preparatoria que había tenido una experiencia interesante. El maestro tenía dos estudiantes con el mismo nombre, Johnny. Uno era un muchacho feliz, y estudiante excelente, un buen ciudadano. El otro Johnny pasaba mucho tiempo holgazaneando y poniéndose pesado.

Cuando la asociación de padres y maestros tuvo su primera reunión del año, una madre vino a este maestro y le preguntó: "¿Cómo le va a mi hijo Johnny?

Él supuso que era la madre del mejor estudiante y respondió: "No puedo decirle lo bien que me cae. Me da gusto tenerlo en mi clase."

El día siguiente el muchacho problema vino al maestro y le dijo: "Mi mamá me contó lo que usted dijo de mí anoche. Nunca antes había tenido un maestro que me quisiera en su clase."

Ese día él terminó sus asignaciones, y aun trajo toda su tarea la mañana siguiente. Pocas semanas después el Johnny "problema" se había convertido en el alumno más trabajador de este maestro —y uno de sus mejores amigos. La vida de este muchacho de mala conducta cambió totalmente porque había sido identificado por error como un buen estudiante.[20]

Si tiene dificultad para amar a alguien porque esa persona le ha tratado mal o ha hablado cruelmente de usted o a usted, usted puede decir en su corazón que su meta es amar a esa persona en el nombre de Jesús. Esto no significa que usted deba mantenerse involucrado en relaciones físicas dañinas, pero usted puede mostrar a la persona el amor de Dios. El Espíritu Santo le dará la fuerza para hacerlo.

3. Ame por fe.

No siempre sentimos decir o hacer las cosas con amor. Pero podemos amar por fe. Podemos llevar a cabo acciones de amor, obras de amor, y hablar en amor sin importar nuestros sentimientos. Nuestras emociones no siempre corresponden con nuestras decisiones. Yo no siento trabajar todos los días, pero lo hago. Tal vez no sienta orar o leer la Biblia cada día, pero lo hago. Sin importar cómo me siento, decido hacer las cosas correctas. Mostrar a todos el amor de Dios es lo correcto.

James Dobson escribió que escuchó de una ceremonia de boda durante la cual la novia y el novio prometieron mantenerse casados mientras los dos siguieran amándose. Dobson dijo esto sobre esta pareja:

> Espero que ellos conozcan buenos abogados, porque los van a necesitar. Las relaciones basadas en sentimientos son efímeras y transitorias. La única estabilidad real en el matrimonio se produce por el firme compromiso que mantiene a dos personas estables cuando las emociones fluctúan violentamente. Sin esta determinación que solidifique las relaciones humanas, ellos están destinados a desintegrarse.
>
> Podemos pensar en las emociones como el último vagón de un tren. Una voluntad comprometida es la máquina que estira la relación a través de las altas y bajas de la vida diaria.[21]

UNA COMPASIÓN ÚNICA

Junto al formidable derramamiento del Espíritu Santo, estamos viendo un gran aumento y demostración de la compasión. Al mirar los tiempos de avivamiento en la historia de la iglesia, verá los maravillosos actos de compasión. La iglesia se vuelve consciente de las necesidades de la sociedad —el pobre, el lastimado, el menos afortunado, se vuelcan a la iglesia a través de la renovación del Espíritu. La compasión —fe traducida en acción- es un barómetro espiritual de la plenitud espiritual de una persona.

Usted puede crecer en compasión por la gente. Las Escrituras dicen que "Jesús recorría todos los pueblos y aldeas enseñando en las sinagogas, anunciando las buenas nuevas del reino, y sanando toda enfermedad y toda dolencia. Al ver a las multitudes, tuvo compasión de ellas, porque estaban agobiadas y desamparadas, como ovejas sin pastor" (Mat. 9:35-36). Si vemos la necesidad de las personas, sentimos compasión y un impulso por hacer algo al respecto.

Jesús vio a los que tenían necesidad.

Cuando nos involucramos en la vida de las personas o visitamos una parte de la ciudad que tiene muchas carencias, vemos el dolor, angustia y sufrimiento humano que son parte de la vida de tantas personas. Pero debemos desear ver. Cada uno de nosotros puede vivir en su propio mundo privado sin hacer caso del dolor de los demás. Se requiere esfuerzo para ver y oír lo que sucede en la vida de alguien más.

Jesús tuvo compasión.
Cuando nos esforzamos para ver y escuchar lo que sucede en la vida de una persona, tendremos una respuesta emocional —a menudo sentiremos compasión. Cuando estudiaba un post grado en consejería, se me requirió completar una práctica como interno. Decidí servir en mi práctica como interno como un oficial de libertad condicional y tenía a mi cargo jóvenes menores de dieciséis años. Aunque en mi experiencia tuve éxito con la mayoría de mis casos, tuve un muchacho de doce o trece años que simplemente parecía no hacer nada bien.

Un día decidí visitar el hogar de este muchacho. Después de encontrar el camino en un mapa, manejé por ese sucio camino buscando la casa. No encontré una casa pero noté un pequeño edificio cubierto con papel negro en la mitad del campo. Del techo del edificio se veía una chimenea con humo. Pensé, este no puede ser el lugar donde vive Tim. Pero di la vuelta por el oscuro camino, me estacioné, y caminé por una pequeña vereda hasta la puerta. Toqué unas cuantas veces y Tim abrió la puerta.

"Hola, Tim, sólo quería ver cómo estás", dije rápidamente. Al mirar a este endurecido jovencito, no pude evitar mirar la habitación detrás de él. Un horno de madera usado como estufa para cocinar. Comida vieja y trastos sucios estaban apilados encima de él. Cerca de las paredes había periódicos apilados. Di un vistazo a su recámara, donde un viejo colchón estaba en el piso con una sábana sucia apiñada encima. La habitación olía mal, y me resultaba difícil asimilar que alguien viviera en un lugar así.

Tim me miró y me dijo: "Sí, ¿qué se te ofrece?"

Yo dije: "Quería visitar el lugar donde vives y conocer a tu familia."

De un lado de la habitación caminó su madre. Ella se veía cansada e igual de dura que su hijo. Después de visitar a Tim y a su madre por unos pocos minutos, manejé de regreso al limpio edificio de oficinas donde el departamento de libertad condicional estaba localizado. Informé a uno de los oficiales de mi visita a Tim y a su madre. El oficial me informó entonces que la madre de Tim era la prostituta del pueblo. Al enterarme de esto y pensar en las condiciones de vida de Tim, mi desilusión de él cambió. Ahora entendía por qué Tim era tan duro y desobediente. A él simplemente ya no le importaba nada. La vida había sido terriblemente dura para este muchacho, y me sentí impulsado a mostrarle que la vida podía ser diferente y que había personas que sinceramente se preocupaban por él y por su futuro.

Mis sentimientos cambiaron porque vi a Tim en su trágica condición. Ahora sentía una nueva compasión. Esto me motivó a ser más atento a las necesidades únicas que Tim tenía y a tener cuidado para entender su resistencia al cambio. Como resultado, él mejoró y aceptó favorablemente su libertad condicional.

Cuando tomamos el tiempo para ver, vamos a sentir. El mundo está lleno de personas que necesitan sentir nuestra compasión, no nuestro juicio y condenación. El Espíritu de Dios que vive en cada creyente quiere que veamos a las personas de la manera que Él las mira. Ellas están "agobiadas y desamparadas, como ovejas sin pastor."

Jesús actuó. "recorría... enseñando... ansiando las buenas nuevas del reino y sanando toda enfermedad y toda dolencia" (Mat. 9:35). Cuando veamos vamos a sentir, con la ayuda de Dios, hacer algo al respecto. "¿De qué le sirve a uno alegar que tiene fe, si no tiene obras?... Así también la fe por sí sola, si no tiene obras, está muerta" (Santiago 2:14,17).

La gente necesita ver nuestra compasión cristiana en lo que hacemos. Podemos hacer algo acerca de la pena y el sufrimiento. Podemos ir a las personas que han sido rechazadas por el mundo y señaladas como desamparadas. Podemos comprender más, trabajar más duro, y durar más en la ocupación de ayudar a las personas porque somos motivados y recibimos la energía del Espíritu Santo.

UN SACRIFICIO ÚNICO

Sacrificio es un atributo que resultaba evidente en la iglesia neotestamentaria. Es evidente en la iglesia de hoy también. La Biblia nos dice que en la iglesia neotestamentaria: "Todos los creyentes eran de un solo sentir y un solo pensar. Nadie consideraba suya ninguna de sus posesiones, sino que las compartían" (Hechos 4:32). El sacrificio es una característica común de quienes pertenecen al reino de Dios. Es común oír de cristianos que dejan hogares, posesiones materiales, y ocupaciones para darse ellos mismos sacrificadamente. No tiene sentido para la gente del mundo que vive buscando ser el número uno. ¿Quién dejaría padres, hogares, y carreras exitosas para ir a culturas extranjeras y vivir en condiciones incómodas? Las personas por lo general no hacen eso simplemente porque son buenas. Ellas lo hacen porque han sido impulsadas por el Espíritu Santo y el sacrificio ha llegado a ser parte de su vida. Cuando los que les rodean miran su sacrificio, se preguntan ¿Por qué hacen eso? ¿Qué los hace ser tan comprometidos?

Malcom Mugerridge dijo: "Los cristianos a menudo son acusados de ser morbosos cuando hablan del gozo del sacrificio. Creo que esta es una de las verdades más profundas de la religión cristiana. Lejos de ser una fuente de tristeza, el sacrificio es una gran alegría y una fuente de iluminación —quizá la más grande de todas. También creo que vivir modestamente es siempre una experiencia más rica porque usted está viviendo como la mayoría de la gente."[22] El gran misionero David Livingstone tenía la perspectiva correcta cuando dijo: "Nunca hago un sacrificio. No debemos hablar de sacrificio cuando recordamos el gran sacrificio que Él hizo al dejar el trono de su Padre en lo alto para darse a sí mismo por nosotros."[23]

UN SERVICIO ÚNICO

La persona llena del Espíritu vive una vida de servicio. Jesús no vino a ser servido, sino a servir. (Vea Marcos 10:45.) Él es nuestro ejemplo, y el Espíritu Santo nos ayuda a servir con gozo. En nuestra propia naturaleza queremos ser los directores, tomar el control, estar a cargo del programa o ser el jefe. Dios necesita desesperadamente líderes en sus iglesias, pero el estilo de liderazgo requerido es ser el más grande siervo de todos. Debemos estar contentos con ser el último, sentarnos en la parte de atrás del salón, o ser el primero en responder cuando hay una necesidad. Ser un siervo en un mundo de competencia es difícil, pero es la manera en que funciona el reino de Dios —y lo será en la eternidad.

Cuando quienes le rodean vean el fruto del Espíritu en su vida, sientan el amor y la compasión de Dios en su corazón, y crean que usted es un siervo de Jesucristo, serán atraídos al Dios que usted sirve. El bautismo en el Espíritu Santo lo capacitará a servir a otros —su familia, su patrón, su vecino, y su iglesia. Le dará poder para tener una compasión única y, como resultado, ser un mayor testigo.

A Jesucristo le preocupaba que todos los discípulos esperaran ser llenos del Espíritu Santo antes de comenzar una vida de ministerio. Él quería que ellos tuvieran cada ventaja disponible para hacer todo lo que pudieran a favor del Reino de Dios. Recuerdo el anuncio de una tarjeta de crédito que dice: "No salga de casa sin ella." De manera parecida, el ministerio no debe comenzar hasta que tengamos todo el poder que Dios nos da libremente.

El otro día recibí un mensaje de correo electrónico de un joven que vive unos setenta y cinco kilómetros de donde yo vivo. Esta era su petición:

> Mi nombre es [nombre omitido]. Esto va a sonar extraño, pero quiero recibir el bautismo del Espíritu Santo. He orado por él casi cinco meses. No soy de la denominación de las Asambleas de Dios. Mi trasfondo denominacional es [nombre de la denominación omitido]. He estado estudiando todo este asombroso asunto, y es asombroso. Tengo 19 años, y voy a la escuela en [ciudad omitida] Missouri. Asisto a la escuela [nombre omitido]. Estoy estudiando para ser un predicador de la palabra de Dios. He estado orando por algún tiempo. He asistido a diferentes iglesias de las Asambleas de Dios durante los meses pasados sólo para entender de qué se trata esto. He leído libros sobre el tema, y se ahora que es verdadero y bíblicamente exacto. Lo deseo, y he leído diferentes testimonios de cómo algunas personas

lo han recibido. La Biblia y otros testimonios muestran que imponer las manos es otra manera para recibirlo. Me gustaría que alguien me llamara por teléfono. Sinceramente, manejaré hasta su ciudad y me reuniré con cualquiera que esté dispuesto a poner las manos sobre mí para recibir este maravilloso don de Dios. Lo puedo hacer mañana después de clases si recibo una llamada esta noche o incluso mañana en la mañana. Simplemente deseo que alguien me llame y hable conmigo. Mi número es [número omitido]. Gracias por su tiempo, y Dios bendiga a cualquiera que lea esto.

Cuando leí el mensaje de este joven y sentí el anhelo de su corazón, inmediatamente le llamé por teléfono. Él no estaba en su habitación, así que volví a llamar el día siguiente y dejé el mensaje de que había tratado de localizarlo. Dentro de pocos días uno de los miembros de mi equipo lo localizó, y le pedimos que se reuniera con algunos estudiantes de la universidad que deseaban orar por él. Él vino, y sus oraciones fueron contestadas. Cuando los estudiantes oraron por él, él comenzó a hablar en un idioma que nunca había aprendido. Con todo su corazón, él adoró a Dios en lenguas por casi una hora. Él rebozaba de alegría, estaba lleno de valor, y sólo Dios sabe lo que el futuro le traerá.

Numerosas personas a lo largo del camino suspendieron lo que hacían para tratar de servir a este joven. Como resultado, Dios usó a cada uno de sus siervos para responder al deseo de su joven corazón.

MILAGRO EN NAGALAND

Por años los cristianos de Nagaland, Al este de la India, oraron para que Billy Graham los visitara. Ellos habían escuchado acerca de él de parte de misioneros y anhelaban escucharlo en su propio país. Finalmente, en noviembre de 1972, él programó una cruzada en un área llamada "montañas de los cazadores de cabezas." En medio de tremendas dificultades que casi resultaron en la cancelación de la cruzada, los creyentes oraron y la cruzada vio una gran cantidad de personas entregar su vida a Cristo.

Muchos le dieron el crédito al misionero Mark Buntain de Calcuta, India, por su papel en la preparación de los corazones para la cruzada de Billy Graham. Seis años antes Mark había recibido una invitación para hablar en una gran reunión en Nagaland. Al igual que Graham, él también había enfrentado un obstáculo. Esta era una zona restringida, y los extranjeros necesitaban permiso para viajar allá. Mark no pudo obtener uno, así que tuvo que avisarles que, lamentablemente, era imposible que él asistiera a la conferencia.

Él yacía despierto durante la noche tratando de discernir la voluntad de Dios. Una mañana a las 4:00, Mark saltó de la cama y dijo a su esposa: "Hulda, voy a Nagaland."

Hulda le dijo: "Mark, no puedes ir. No tienes un permiso. No te dejarán abordar el avión."

"Dios me ha dicho que vaya, y voy a ir," respondió Mark.

Él empacó su maleta y se dirigió al aeropuerto. El resto fue un milagro —cómo se le extendió un boleto y abordó el avión sin que nadie le pidiera el permiso, cómo más tarde se le extendió un permiso para viajar muchas veces al pueblo de Mukokchung, donde la conferencia se iba a llevar a cabo.

La gente oró toda la noche para que Mark pudiera venir. Al amanecer ellos escucharon su jeep escalando la montaña. Ellos salieron de sus carpas para ver si Dios había respondido a sus oraciones.

Cuando Mark detuvo su jeep, escuchó un estruendo de celebración. "¡Aleluya!" Exclamó la gente.

Había más de diez mil personas en la reunión. Algunos habían caminado dos o tres días por las montañas para asistir a la conferencia.

Esa noche Mark predicó durante una hora. Más tarde, sin embargo, las personas decían que el mensaje había sido demasiado corto.

Un ministro visitante habló con Mark antes del servicio de la noche siguiente y le dijo: "Ellos no saben acerca del Espíritu Santo." Él animó a Mark para que hablara acerca del Espíritu Santo.

Mark predicó por tres horas esa noche, y todavía la gente quería más. Después de su sermón, él comenzó a orar y a hablar en lenguas. Sin que Mark supiera, él estaba realmente hablando en un idioma conocido — el idioma nativo de la multitud. Era un idioma familiar para todos —una mezcla de dialectos- y Mark les estaba hablando acerca del bautismo en el Espíritu Santo. Ellos sabían que estaban contemplando un milagro. No había manera de que Mark pudiera saber su idioma. Ese fue el nacimiento de muchas iglesias en la región –iglesias que más tarde participaron en la cruzada de Billy Graham.[24]

Podemos relatar historia tras historia acerca de cómo el Espíritu Santo sigue usando personas. El Espíritu Santo está activo a través del mundo, y Él quiere estar completamente activo en su vida.

¿Tiene hambre de más de Dios? Mi oración es que usted le diga a Dios que anhela tener todo lo que Él tiene para usted. Busque a Dios por esta bendición. Si usted no la recibe la primera vez, no se desanime. Recuerde que la iglesia primitiva tuvo un tiempo de espera antes de recibir el don prometido. Si usted ha recibido la bendición, sepa que esta experiencia le trae a una relación con el Espíritu Santo que debe ser renovada y mantenida. Preservamos esta sensibilidad a través de nuestra vida de oración, nuestro testimonio cristiano, nuestra adoración y una vida santa. Mientras usted sirve a Dios, será un conducto de la pasión, el amor, el cuidado y el poder de Dios. Mientras usted se derrama en servicio para otros, el Señor le volverá a llenar.

"La promesa" se le da para que usted tenga el poder para testificar al mundo que desesperadamente necesita conocer a nuestro maravilloso Dios de amor.

NOTAS

Prefacio

1 George Barna, The Second Coming of the Church [La segunda venida de la Iglesia] (Dallas: Word, 1998): citado en Current Thoughts and Trends [Ideas y Tendencias Contemporáneas] 14, no. 3 (Marzo 1998), 31.

2 Ron Sellers, "Nueve tendencias globales en religión," Futurist [Futurista] 32, no. 1 (Enero/Febrero 1998), 20-25; citado en Current Thoughts and Trends [Ideas y Tendencias Contemporáneas] 14, no. 3 (Marzo/Febrero 1998), 27.

3 Michael Green y R Paul Stevens, New Testament Spirituality [Espiritualidad Neo Testamentaria] (London: Tagle, 1994), 4.

Capítulo 1

1 La depresión de Diana la había debilitado emocional y físicamente. Una característica común de la gente con depresión clínica es evitar la interacción. Es muy difícil tratar de ser agradables y tener conversaciones. A veces la persona deprimida siente una tristeza abrumadora o pánico, quiere que la dejen sola, o le falta el interés o energía aun para salir de la cama.

2 A la casa de Parham en Topeka se le llamaba "el disparate de Stone" porque su constructor, Erastus R. Stone, sufrió reveses financieros en los años de 1880 y posteriores antes de poder completar la mansión.

3 La escuela bíblica fue llamada después Escuela Bíblica Bethel. La escuela operó sólo hasta 1901.

4 Wayne Warner, Pentecostal Evangel [El Evangelio Pentecostal], Diciembre 30 1990, 7.

5 Las referencias bíblicas a las que se refería el grupo eran Hechos 2:4; 10:46; 19:6; I Corintios 14:1-33. Para más información acerca de Parham vea Vinson Synan, The Holiness Pentecostal Movement in the United Status [El Movimiento de Santidad Pentecostal en los Estados Unidos] (Grand Rapids: Eerdmans, 1971), 51-53.

6 Synan, The Holiness Pentecostal Movement in the United Status [El Movimiento de Santidad Pentecostal en los Estados Unidos], 101.

7Ibid.

8 "Ubicamos los 100 descubrimientos increíbles, eventos cataclísmicos, momentos esplenderosos, de los pasados 1000 años," Life, El Milenio, edición especial (Otoño 1997).

9 Synan, The Holiness Pentecostal Movement in the United Status [El Movimiento de Santidad Pentecostal en los Estados Unidos], 102. El historiador pentecostal Wayne Warner me comentó recientemente que existía la posibilidad que uno de los estudiantes no recibió la experiencia y en realidad criticó a los otros. Sobre el avivamiento, vea también Gary B. McGee, "El Avivamiento de la calle Azusa," en Diccionario de los Movimientos Pentecostal y Carismático, ed. Stanley M. Burgués y Gary B. McGee (Grand Rapids: Zondervan, 1988), 32.

10 Ibid., 102.

11 Ibid.

12 Ibid.

13 Ibid.

14 Stanley M. Horton, Heritage [Herencia] (Otoño 1982), 2.

15 Ibid.

16 Ibid.

17 Defino carismáticos como aquellos que proceden de denominaciones tradicionales (por ejemplo, bautistas, metodistas, presbiterianos, católico-romanos) y han recibido la experiencia llamada el bautismo en el Espíritu Santo. Con frecuencia han preferido permanecer en su denominación, limitando la expresión de los dones del Espíritu Santo para momentos en privado a menos que sus iglesias les permitan usar sus dones públicamente. Los pentecostales son aquellos que han recibido el bautismo en el Espíritu Santo y son parte de una confraternidad o denominación pentecostal.

18 Russell P. Spittler, "Valores implícitos en las misiones pentecostales", Missiology: An Internacional Review, [Misionología: Revista Internacional] Octubre 1988, 410. Debe notarse que para finales del siglo veinte la mayoría de los cristianos viven en el hemisferio sur, la mayoría pertenece al mundo de los dos tercios, y la mayoría reflejará una espiritualidad pentecostal (411).

19 David Barrett, "Estatus de la Misión Global, 1997, en Contexto de los

siglos 20 y 21", World Evangelizaron [Evangelización Mundial], no. 78, Comité de Lausana para la Evangelización Mundial, Noruega (Mayo 1997), 17.

20 Harvey Cox, Fire From Heaven [Fuego del cielo] (Reading, MA: Addison-Wesley, 1995), 15.

21 Spitler, "Valores implícitos en las Misiones Pentecostales," 421.

22 David Miller, "El avance del avivamiento en Latinoamérica," Carisma, Junio 1996, 32-38" citado en Current Thoughts and Trends [Pensamientos y Tendencias de actualidad] 12, no. 4 (Agosto 1996), 28.

Capítulo 2

1 Charles G. Finney, *Memoirs* (New York: Revell, 1876), 20-21.

2 Ibid., 25.

3 J. Rodman Williams, *Renewal Theology* [Teología de renovación], vol. 2 (Grand Rapids: Zondervan, 1988), 203.

4 Vea también Marcos 1:8; Lucas 3:16; Juan 1:33; Hechos 1:5; 11:16.

5 Billy Graham, *The Holy Spirit* [El Espíritu Santo] (Dallas: Word, 1988), xivxv.

6 Vea *The Full Life Study Bible* [Biblia de Estudio Vida Plena] (Grand Rapids; Zondervan, 1992), 1668-69.

7 Robert P. Menzies, "El character distintivo de la pneumatología de Lucas," *Paraclete* (Otoño 1991), 18.

8 Russell Spittler, "Valores implícitos en las Misiones Pentecostales," *Missiology: An internacional Review,*, Octubre 1988, 420.

9 Adaptado de "El Espíritu suplica: Habla del Evangelio en el Norte, también," *Mountain Movers,*,Octubre 1996, 11.

10 Gordon Chilvers, "Seréis testigos" *Paraclete* (Invierno 1971), 5.

11 Arthur T. Pierson, *The Acts of the Holy Spirit* [Los Hechos del Espíritu Santo] (Londres: Morgan and Scott, n.d.), 121-22: citado en Henry Barclay Swete, *The Holy Spirit in the New Testament* [El Espíritu Santo en el Nuevo Testamento] (Londres: McMillan, 1909), 327.

12 Ibid., 179.

13 Swete, *The Holy Spirit in the New Testament* [El Espíritu Santo en el Nuevo Testamento], 319.

14 Charles W. Conn, *Pillars of Pentecost* [Pilares de Pentecostés] (Cleveland, TN" Pathway Press, 1956), 28.

15 Citado en Vinson Synan, *Aspects of Pentecostal-Charismatic Origins* [Aspectos de los orígenes Pentecostal-carismático] (South Plainfield, NJ: Logos, 1975), 31.

16 Citado en Gwen Jones, Ron Rowden, y Mel Surface, eds., *Higher Goals: National Church Growth Convention Digest* [Metas más altas: Reseña de la Convención del Crecimiento de la Iglesia Nacional] (Springfield, MO: Gospel Publishing House, 1978), v.

17 Ray H. Hughes, *Church of God Distinctives* [Distintivos de la Iglesia de Dios] (Cleveland, TN: Pathway Press, 1968), 63.

18 Grant L. McClung Jr., *Azusa Street and Beyond* [La calle Azusa y más allá] (South Plainfield, NJ: Logos, 1986), 74.

Capitulo 03

1 Adaptado de Lloyd Christensen, "Cuando las lenguas desconocidas no son desconocidas," *Pentecostal Evangel* [El Evangelio Pentecostal] 30 de diciembre 1990, 7.

2 Adaptado de Denny Miller, "Una lengua enteramente nueva," *Pentecostal Evangel* [El Evangelio Pentecostal] 30 de marzo 1997, 18.

3 No estoy seguro acerca de la localización de los 120. La mayoría piensa que el Aposento Alto, que parecía ser su cuartel general (Hechos 1:13). Algunos, sin embargo, debido a la declaración de Pedro de que "¡Apenas son las nueve de la mañana!" – Hechos 2:15, piensan que ellos estaban en el templo. Los discípulos habitualmente estaban en el templo en las horas de oración.

4 John Sherrill, *They Speak With Other Tongues* [Hablan en otras lenguas] (1964; reimpresión, Grand Rapids: Revell, 1993), 107-8.

5 Ibid, 109.

6 Stanley M. Horton, *The Book of Acts: The Wind of the Spirit* [El libro de los Hechos: El viento del Espíritu] (Springfield, MO: Gospel Publishing House, 1996), 33.

7 Ibid., 105.

8 Ibid., 106.

9 Citado en Stanley M. Horton, *Systematic Theology* [Teología Sistemática] (Springfield, MO: Logion Press, 1994), 441.

10 Ibid, 223.

11 J. H. E. Hull, *The Holy Spirit in the Acts of the Apostles* [El Espíritu Santo en los Hechos de los Apóstoles] (Londres: Lutterworth, 1967), 110.

12 Incluyendo *Codex Bezae (D)* (un papiro del siglo tercero o cuarto D. C.), además de las versiones Sahídica y Siriaca que se originaron en los siglos segundo y tercero D. C.

13 Horton, *The Book of Acts* [El libro de los Hechos], 119-20.

14 Gordon D. Fee, *The First Epistle to the Corinthians, New International Commentary on the New Testament* [La Primera Epístola a los Corintios, Nuevo Comentario Internacional del Nuevo Testamento] (Grand Rapids: Eerdmans, 1987), 656-57.

15 *Spirit Filled Life Bible* [Biblia de Estudio Plenitud], Jack W. Hayford, ed. gen. (Nashville: Thomas Nelson, 1991), 1740.

16 A través de los años de ministerio de cruzadas de Graham, todos los carismáticos, los pentecostales y las denominaciones evangélicas han disfrutado rica amistad con el doctor Billy Graham.

17 Sherrill, *They Speak With Other Tongues* [Hablan en otras lenguas], 84.

18 Michael P. Hamilton, *The Charismatic Movement* [El movimiento carismático] (Grand Rapids: Eerdmans, 1975), 23.

Capitulo 04

1 Historia abreviada de Charles E. Greenway, "Planté tres semillas," *Pentecostal Evangel* [Evangelio Pentecostal], 1 de marzo 1970, 8-9.

2 Edyth Draper, *Draper's Book of Quotations for the Christian World* [Libro de Citas Draper del mundo cristiano] (Weathon, IL: Tyndale, 1992), 395.

3 George Sweetig, *Great Quotes and Illustrations* [Grandes Citas e Ilustraciones] (Dallas: Word, 1985), 174.

4 Ibid., 173.

5 Historia adaptada de David Wilkerson, *La cruz y el puñal* (Westwood, NJ: Spire Books, 1964), 7.

6 Ibid., 61-62.

7 James Gilchrist Lawson, *Deeper Experiences of Famous Christians* [Experiencias profundas de cristianos famosos] (Anderson, IN: Warner Press, 1911; reimpresión 1981), 246-47.

8 Sweeting, *Great Quotes* [Grandes Citas], 171.

9 Dwight L. Moody, *Notes from My Bible* [Notas de mi Biblia] (Chicago: Revell, 1895), 166.

10 Anthony J. Ruspantini, *Quoting Spurgeon* [Citando a Spurgeon] (Grand Rapids: Baker, 1994), 63.

11 Glen Van Ekeren, *Speaker's Sourcebook II* [Libro de consulta del orador II] (Englewood Cliffs, NJ: Prentice Hall, 1994), 246.

12 George Barna, "Una fuente de arena," *The Barna Report* [El informe Barna] 1, no. 3,2.

13 George Barna, "Los primeros 100: Parte 2," *The Barna Report* [El informe Barna], Julio y agosto 1997, 2.

14 Citado en Ted W. Engstrom y Norman B. Rhrer, *Making the Right Choices* [Tome las decisiones correctas] (Nashville: Thomas Nelson, 1993), 9.

15 Ibid.

16 Ibid., xi.

17 David Lim, *Spiritual Gifts: A Fresh Look* [Los Dones Espirituales: Una mirada fresca] (Springfield, MO: Gospel Publishing House, 1991), 224.

18 William Barclay, *The Letters to the Galatians and Ephesians, The Daily Study Bible* [Las Epístolas a los Gálatas y a los Romanos, el Estudio Bíblico Diario] (Philadelphia: Westminster Press, 197), 49-50.

19 Stephen Neill, *The Christian Character* [El caracter cristiano] (New York: Association Press, 1955), 22: citado en Billy Graham, *The Holy Spirit* [El Espíritu Santo] (Dallas: Word, 1988), 249.

20 Ibid., 21.

21 Charles Allen, *The Miracle of the Holy Spirit* [El milagro del Espíritu Santo] (Old Tappan, NJ: Revell, 1974), 56.

22 Barclay, *Galatians and Ephesians* [Gálatas y Efesios], 50.

23 Citado en Graham, *Holy Spirit* [Espíritu Santo], 256.

24 Vea Barclay, *Galatians and Ephesians* [Gálatas y Efesios], 51.

25 Ibid.

26 Allen, *Miracle of the Holy Spirit* [El milagro del Espíritu Santo], 60.

27 Ibid.

28 Ibid.

29 Graham, *The Holy Spirit* [El Espíritu Santo], 266.

30 *The Full Life Study Bible* [La Biblia de Estudio Vida Plena] (Grand Rapids: Zondervan, 1960), 98.

31 Ibid.

32 Barclay, *Galatians and Ephesians* [Gálatas y Efesios], 52.

33 Raymond V. Edman, *They Found the Secret* [Ellos hallaron el secreto] (Grand Rapids: Zondervan, 1960), 98.

34 Citado en Graham *Holy Spirit* [El Espíritu Santo], 277.

35 Ibid.

36 Vea Barclay, *Galatians and Ephesians* [Gálatas y Efesios], 52.

37 Manford George Gutzke, *The Fruit of the Spirit* [El fruto del Espíritu] (Atlanta: The Bible for You, s. f.), 10-11.

38 Sweeting, *Great Quotes* [Grandes Citas], 51.

39 Ibid., 140.

Capítulo 5

1 Denny Miller, misionero de las Asambleas de Dios.

2 David Lim, *Spiritual Gifts: A Fresh Look* [Dones espirituales: una mirada fresca] (Springfield, MO: Gospel Publishing House, 1991), 10.

3 Ralph W. Harris, *Acts Today: Signs and Wonders of the Holy Spirit* [Hechos hoy: Señales milagrosas del Espíritu Santo] (Springfield, MO: Gospel Publishing House, 1996), 10.

4 Muchos eruditos ponen en duda la autenticidad de los versículos 9-20, principalmente debido a la omisión de estos versículos en algunos de los manuscritos más antiguos y porque su estilo es en cierto modo diferente del resto de Marcos. Sin embargo, los escritores cristianos del siglo segundo, tales como Justino Mártir, Ireneo, y Taciano, testifican de la inclusión de estos versículos, y las más tempranas traducciones, tales como la latina, siríaca y copta, todas los incluyen. En cualquier caso, el pasaje refleja la experiencia y expectación de la iglesia primitiva respecto a la práctica de los dones carismáticos, y la cuestión de su autenticidad debe permanecer abierta. (Esta explicación de Marcos 16:9-20 es tomada de *The Spirit Filled Life Bible* [La Biblia Plenitud], Jack W. Hayford, ed. gen. [Nashville: Thomas Nelson, 1991], 1502.) Creo que cualquier lectura que es autenticada por la mayoría de los manuscritos antiguos es presumible que sea el escrito genuino del autor bíblico.

5 *Spirit-Filled Life Bible* [La Biblia Plenitud], 1502: "Las señales acreditan el mensaje del evangelio, y no pueden limitarse a la era apostólica, no más que la comisión del Señor de llevar el mensaje del evangelio a todo el mundo. Estas señales, por tanto, confirman el ministerio de los embajadores de Cristo en cada generación. Expulsar demonios, hablar en lenguas y sanar, todo aparece en otros pasajes del Nuevo Testamento, y no hay apoyo bíblico para afirmar que iban a cesar antes del regreso del Señor. Tomar serpientes no se refiere a manejar serpientes en ceremonias religiosas, sino a echarlas sin ser lastimado. (Vea Hechos 28:3-6.) El verbo griego *airo*, 'tomarán', puede también significar 'remover', 'levantar', 'tirar'. (Vea Mateo 14:12l Lucas 11:52; 1 Corintios 5:2; Efesios 4:31.) De manera similar, un siervo del Señor puede buscar la protección divina respecto a alimentos y bebidas. Muchos misioneros han testificado de la protección milagrosa en territorios paganos, donde no han experimentado efectos nocivos de alimentos o bebidas impuros. Todas las señales enumeradas aquí han ocurrido repetidamente en la historia cristiana."

6 Harvey Cox, *Fire from Heaven* [Fuego del cielo] (Reading, MA: Addison-Wesley, 1995), 222. *Fire from Heaven* [Fuego del cielo],

7 Adaptado de David Yonggi Cho, *When Buda Didn't Answer* [Cuando Buda no contestó] (Springfield, MO: División de Misiones al Extranjero de las Asambleas de Dios), folleto sin fecha.

8 Los cesacionistas creen que los dones del Espíritu terminaron con el siglo primero. Ellos afirman que ya no hay necesidad de dichos dones porque ahora tenemos la Biblia.

9 Jack Deere, *Surprised by the Spirit* [Sorprendido por el Espíritu] (Grand Rapids: Zondervan, 1993), 55-56.

10 Larry Silbey, *Classic Quotes on Contemporary Issues* [Citas clásicas sobre temas de actualidad] (Wheaton, IL: Harold Shaw, 1997), 42.

11 Robert Spence, "Científicos dan reconocimiento a Dios," *Pentecostal Evangel* [Evangelio Pentecostal], 26 de junio 1988, 10.

Capítulo 06

1 Para proteger la confidencialidad, el nombre ha sido cambiado. Abreviado de *Pentecostal Evangel* [El evangelio pentecostal].

2 Bruce Bugbee, *What you Do Best* [Lo que haces mejor] (Grand Rapids: Zondervan, 1996), 59-60.

3 Fee escribe: "La NVI rompe el párrafo en dos sub párrafos —como parte de su esfuerzo (digno de encomio) de ser 'internacional' (una traducción de lectura fácil para quienes el inglés es su segundo idioma). Pero en este caso las dos partes necesitan ser vistas juntas o es mucho lo que se pierde" (Gordon D. Fee, *The First Epistle to the Corinthians* [La Primera Epístola a los Corintios], NICNT [Grand Rapids: Eerdmans, 1987]. 584).

4 Ibid.

5 Ibid., 584-85.

6 Citado en J. David Schmidt, *Changes that Count* [Cambios que cuentan], 42: un manual de enseñanza sobre crecimiento de la iglesia publicado en 100 W. Roosevelt, Suite B6, Wheaton, IL 60187.

7 Frederic L. Godet, *Commentary on First Corinthias* [Comentario sobre Primera de Corintios], vol. 2 (Edinburgh: T&T Clark, 1886), 173.

8 Ronald Y. K. Fung, "Ministerio, comunidad y dones espirituales," *Evangelical Quarterly* [Publicación Trimestral Evangélica], 20 de enero 1984, 15.

9 Por favor note que yo recomiendo referir a las personas a profesionales cristianos para consejería cuando ellas tienen dificultades sicológicas o emocionales severas. Los pastores y compañeros miembros de la iglesia pueden ser una

gran ayuda proporcionado ánimo y apoyo en oración a las personas que buscan ayuda y a los profesionales que las aconsejan.

10 George Barna, "Los primeros 100: Parte 1," *The Barna Report* [El informe Barna], Julio-agosto 1997.

11 George Barna, "Los primeros 100: Parte 2," *The Barna Report* [El informe Barna], Julio-agosto 1997.

12 Schmidt, *Changes that Count* [Cambios que cuentan], 40.

13 Ibid.

14 Ibid, 41.

15 Ibid.

16 Adaptado de Don y Terri Triplett, "Resistir firmemente al enemigo," *Mountain Movers* [Los que mueven montañas], Octubre 1997, 16-17.

17 Arnold Bittlinger, *Gifts and Graces: A Commentary on First Corinthians 12 to 14* [Dones y Gracias: Un Comentario sobre Primera de Corintios 12 al 14] (Grand Rapids: Eerdmans, 1967), 20.

18 David Lim, *Spiritual Gifts: A Fresh Look* [Los dones espirituales: una mirada fresca] (Springfield, MO: Gospel Publishing House, 1991), 62.

19 Ibid, 64.

20 Donald Gee, *Spiritual Gifts in the Work of the Ministry Today* [Los dones espirituales en la obra del ministerio hoy] (Springfield, MO: Gospel Publishing House, 1963), 29.

21 Donald Gee, *Concerning Spiritual Gifts* [Respecto a los dones espirituales] (Springfield, MO: Gospel Publishing House, 1994), 54.

22 Harold Horton, *Gifts of the Spirit* [Los dones del Espíritu] (Londres: Casa Publicadora de las Asambleas de Dios, 1962), 178.

23 Será de ayuda leer mi libro *The Battle: Defeating the Enemies of Your Soul* [La Batalla: Derrotando a los enemigos de su alma], para entender las habilidades de Satanás, su estrategia, su odio hacia la iglesia, y cómo ha sido derrotado por lo que Jesucristo hizo en la cruz.

24 Thomas L. Holdcroft, *The Holy Spirit: A Pentecostal Interpretation* [El Espíritu Santo: Una interpretación Pentecostal] (Springfield, MO: Gospel Publishing House, 1979), 150.

25 *Spirit-Filled Life Bible* [Biblia de Estudio Plenitud], Jack W. Hayford, ed. gen. (Nashville: Thomas Nelson, 1991), 1737.

26 *The Full Life Study Bible* [La Biblia de Estudio Vida Plena] (Grand Rapids: Zondervan, 1992), 1,656.

27 Lim *Dones espirituales*, 85.

Capitulo 07

1 A veces cuando las personas están siendo bautizadas en el Espíritu Santo, necesitan ser motivadas a adorar a Dios en voz alta. No es infrecuente que las personas traten de mantenerse calladas porque piensan que es lo correcto o porque son tímidas, cuando emocionalmente sienten hablar. El darles permiso de hablar a menudo es toda la motivación que necesitan para hablar en el lenguaje que Dios les ha dado.

2 Esta experiencia ocurrió en la Asamblea de Dios Cedar Park en Bothell, Washington. El doctor Joseph Fuiten es el pastor.

3 Reinhard Bonnke, *The Holy Spirit Baptism* [El bautismo en el Espíritu Santo] (Sacramento: Reinhard Bonnke Ministries, s.f.), 23. Disponible a través Reinhard Bonnke Ministries, Inc., P. O. Box 277440, Sacramento, CA 95827.

4 Ibid., 12.

5 Hechos 1:5: "Juan bautizó con agua, pero dentro de pocos días ustedes serán bautizados con el Espíritu Santo." La preposición *con* es la traducción de la palabra griega *en* y a menudo es traducida como "en." Por esta razón muchos prefieren interpretar "...ustedes serán bautizados *en* el Espíritu Santo." Lucas usa varios términos para describir esta experiencia. Él nota que las persona fueron "llenos del Espíritu Santo"–Hechos 2:4; 9:17, que "recibieron el Espíritu Santo" (8:17), que "el Espíritu Santo descendió sobre [ellos]" (10:44), que "el Espíritu Santo vino sobre ellos" (19:6). Todas estas son entonces fundamentalmente equivalentes de la promesa de Jesús de que la iglesia sería bautizada con el Espíritu Santo."

6 George Sweeting, *Great Quotes and Illustrations* [Grandes citas e ilustraciones] (Dallas: Word, 1985), 139.

7 Edythe Draper, *Draper's Book of Quotations for the Christian World* [Libro de Draper de citas para el mundo cristiano] , 313.

8 Anthony J. Ruspantini, *Quoting Spurgeon* [Citas de Spurgeon] (Grand Rapids: Baker, 1994), 77.

9 Draper, *Draper's Book of Quotations for the Christian World* [Libro de Draper de citas para el mundo cristiano], 313.

10 Bonnke, *The Holy Spirit Baptism* [El bautismo en el Espíritu Santo], 24.

11 Draper, *Draper's Book of Quotations for the Christian World* [Libro de Draper de citas para el mundo cristiano] 316.

12 John Sherrill, *They Speak With Other Tongues* [Hablan en otras lenguas] (1964; reimpreso, Grand Rapids: Revell, 1993), 115.

13 Draper, *Draper's Book of Quotations for the Christian World* [Libro de Draper de citas para el mundo cristiano], 315.

14 Sweeting, *Great Quotes* [Grandes Citas], 215.

15 Ibid., 116-17.

16 Draper, *Draper's Book of Quotations for the Christian World* [Libro de Draper de citas para el mundo cristiano], 315.

17 Adaptado de Peter Wagner, "Cuando el Dr. Willis Hoover se pronunció en Chile," *Pentecostal Evangel* [Evangelio Pentecostal], 9 de marzo 1997, 28.

Capitulo 08

1 "Charlatanes en la iglesia," *U. S. News and World Report*, 29 de marzo 1993, 51.

2 Ibid.

3 Ibid.

4 Ibid.

5 Jack Deere, *Surprised by the Power of the Spirit* [Sorprendido por el poder del Espíritu] (Grand Rapids: Zondervan, 1993), 80.

6 Citado en John Van Diest, *Unsolved Miracles* [Milagros no resueltos] (Sisters, OR: Multnomah, 1997), 91.

7 Deere, *Surprised by the Power of the Spirit* [Sorprendido por el poder del Espíritu], 78.

8 Jonathan Edwards, *The Distinguishing Marks of a Work of the Spirit of God* [Las marcas distintivas de una obra del Espíritu de Dios] (Boston: S. Keeland y T. Green, 1741): citado en Richard y Kathryn Riss, *Images of Revival* [Imágenes de Avivamiento] (Shippensburg, PA: Revival Press, Destiny Image Publishers, 1997), 20.

9 Diario de Juan Wesley, 7 de julio, 1739, en Nehemiah Curnock, ed., *The Journal of the Rev. John Wesley* [El diario del reverendo Juan Wesley], a.m., Vol. 2 (London: Charles H. Kelly 1909-16), 239-40.

10 James Peterson Gledstone, *The Life and Travels of George Whitefield, M. A.* [La vida y viajes de George Whitefield, M. A.] (London: Longmans, Green, y Co., 1871), 215.

11 Diario de Juan Wesley, 19 de julio, 1757 (Curnock, ed.), 2:385.

12 Diario de Juan Wesley, en Thomas Jackson, ed., *The Works of John Wesley* [Las obras de Juan Wesley] vol. 2 (Grand Rapids: Zondervan, 1958-59), 499-500.

13 Diario de Juan Wesley, 6 de agosto, 1757 (Curnock, ed.), 4:344-47.

14 Charles G. Finney, *Memoirs* [Memorias] (New York: A. S. Barnes, 1976), 44-45.

15 Ibid., 103.

16 Jonathan Edwards, *The Distinguishing Marks of a Work of the Spirit of God* [Las

marcas distintivas de la obra del Espíritu de Dios], en *The Great Awakening* [El Gran Avivamiento], ed. C. C. Goen (New Haven: Yale University Press, 1972), 229.

17 Los puntos de Edwards sobre la evidencia del avivamiento y sus comentarios fueron abreviados del artículo de Robert Stallman en *Contending for the Faith, Theological Journal of Central Bible College* [Contendiendo por la fe, Boletín teológico del Colegio Bíblico Central], Springfield, MO, Verano, 1995.

18 William Barclay, *The Letters to the Corinthians, The Daily Study Bible* [Las Cartas a los Corintios, El Estudio Bíblico Diario] (Philadelphia: Westminster Press, 1975), 688.

19 Sweetin, *Grandes citas*, 172.

20 Gordon D. Fee, *The First Epistle to the Corinthians* [La Primera Epístola a los Corintios], NICNT (Grand Rapids: Eerdmans, 1987), 688.

21 Anthony J. Ruspantini, *Citando a Spurgeon* (Grand Rapids: Baker, 1994), 76.

22 Citado en John Phillips, *Exploring the Future* [Explorando el futuro] (Neptune, NJ: Loizieaux Brothers, 1992), 232.

23 Ibid., 232-33.

24 *The Full Life Study Bible* [La Biblia de estudio Vida Plena] (Grand Rapids: Zondervan, 1992), 1508.

25 Ibid., 1509.

Capítulo 09

1. La reunión de oración en la cual esta historia tuvo lugar estaba compuesta por un pequeño grupo que se reunía los sábados por la noche. En esa reunión se encontraban, además de Berg y Vingren, Ivar Antón Frick Sr., el hermano Uldine, y otro hombre no identificado. El hermano Uldine dio la profecía a Vingren. En la reunión con Berg y Vingren unos pocos días después, se dio otra profecía que incluía a Berg en la asignación. Especial gratitud al pastor Larry Frick, nieto de Ivar Antón Frick Sr., por proporcionar los detalles de este relato.

2. Stanley M. Horton, *The Book of Acts* [El libro de Hechos] (Springfield, MO: Gospel Publishing House, 1996), 21.

3. Martin Lloyd-Jones, *God the Holy Spirit* [Dios el Espíritu Santo] (Wheaton, IL: Crossway Books, 1997), 238-40.

4. Citado en Ibíd., 240.

5. G. Campbell Morgan y Charles H. Spurgeon, *Understanding the Holy Spirit* [Entendiendo al Espíritu Santo] (Chattanooga, TN: AMG Publishers, 1995), 136.

6. "El Milenio: 100 acontecimientos que cambiaron el mundo," Life, The Millenium, edición especial (Otoño 1997), 57.

7. William Barclay, *The Acts of the Apostles*, The Daily Study Bible [Los Hechos de los Apóstoles, El Estudio Bíblico Diario] (Philadelphia: Westminster Press, 1976), 12.

8. Horton, *The Book of Acts* [El libro de Hechos], 22.

9. Abreviado de Dan Van Veen, ed., "Do You Know This Man?" American Horizon ["¿Conoce usted a este hombre?" Horizonte Americano] (Springfield, MO: Asambleas de Dios, s.f.), 10-11.

10. Barclay, *The Acts of the Apostles* [Los Hechos de los Apóstoles], 12-13.

11. Morgan and Spurgeon, *Understanding The Holy Spirit*, 134-135

12. Ibid.,135.

13. Spirit- Filled Bible, Jack Hoyford, Ed. (Nashville: Thomas Nelson, 1991), 1622.

14. Morgan and Surgeon, 293

Capitulo 10

1. Frank Damazio, en *Seasons of Revival* [Las estaciones del avivamiento] (Portland, OR: BT Publishing, 1996), informa que aproximadamente veintiocho mil vienen a Cristo en China cada día, veinte mil en África, y treinta y cinco mil en América Latina: citado en Ministry Advantage 7, no. 2 (Marzo/abril 1997),3 una publicación del Seminario Teológico Fuller.

2. Bob Houlihan fue director de campo de las Asambleas de Dios para los países de la Cuenca del Pacífico de 1987 a 1997. Cantidades parecidas se citan en el Minisry Advantage citado en la nota anterior.

3. Damazio, *Seasons of Revival* [Las estaciones del avivamiento], 50-52.

4. Neil Anderson, "Señales de un gran avivamiento mundial," *Ministry Advantage* 7, no. 2 (Marzo/abril 1997), 2.

5. Ibid., 1.

6. "El milenio: 100 acontecimientos que cambiaron el mundo," Life, The Millenium edición especial (Otoño 1997).

7. Harvey Cox, *Fire From Heaven* [Fuego del cielo] (Reading, MA: Addison-Wesley, 1994), 167-168.

8. Ibid., 168.

9. Pedro C. Moreno, "Las Américas: Los pentecostales redefinen la religión en América Latina," Wall Street Journal, 29 de agosto 1997, A11.

10. Ibid.

11. H. B. London, "La información semanal del pastor," Focus on the Family Radio Broadcast [Programa radial Enfoque a la Familia]: La palabra desde Washington: "Depredador sexual," Gary L. Bauer, 31 de octubre 1997.

12. H. B. London *Pastor to Pastor* [De pastor a pastor], boletín: La iglesia perseguida (Enfoque a la Familia, otoño 1997).

13. Ibid.

14. Ibid. Informe tomado de la Comisión de Libertad Religiosa de Alianza Evangélica Mundial.

15. Ibid.

16. H. B. London, "La información semanal del pastor," Focus on the Family Radio Broadcast [Programa radial Enfoque a la Familia]: "Persecución cristiana global," Invitados: Michael Horowitz, Gary Bauer, Check Colson, Rep. Frank Wolf, 16 de septiembre de 1996.

17. Por favor no me malentiendan en este punto. Debemos hacer todo lo posible para detener la persecución religiosa. Necesitamos orar por nuestros hermanos y hermanas alrededor del mundo. Necesitamos escribir cartas a nuestros representantes en el Congreso y a otros oficiales de gobierno. Necesitamos hacer todo lo que sea legalmente permisible para evitar que estos y otros países sigan persiguiendo personas por su fe.

18. Edythe Draper, *Draper's Book of Quotations for the Christian World* [Libro de Citas de Draper para el mundo cristiano] (Wheaton, IL: Tyndale, 1992), 659.

19. Ibid., 657.

20. Boletín del doctor James Dobson, Focus on the Family [Enfoque a la Familia], noviembre 1997.

21. Ibid.

22. Draper, *Draper's Book of Quotations* [Libro de Citas de Draper], 536.

23. Ibid.

24. De Hal Donaldson y Kenneth M. Dobson, Hulda Buntain, *Women of Courage* [Mujeres de Valor] (Sacramento: Onward Boos, 1995), 154-156.